Argo

Luna - Venere

Dalla simbiosi alla relazione

Libro I

Indice

Premessa

Correva l'anno 2011 quando Plutone si avvicinò, a meno di un grado, dalla mia Venere in Capricorno. Mi portò una relazione.

Raggiunse il suo apice nel 2012 quando il pianeta si congiunse al grado esatto di Venere.

Il rapporto finì nel 2013 quando Plutone si allontanò di un grado. Tre gradi per tre anni.

Non immaginai, in quel periodo, che sarei stato all'inizio di una rivoluzione interiore, che il mio modo di vivere l'affettività sarebbe cambiato completamente e che, guardandomi indietro, non mi sarei più riconosciuto. Eppure, conoscevo l'astrologia, sapevo cosa sarebbe potuto accadere ma non conoscevo ancora me stesso e, questo, mi impedì di comprendere tutto quello che sarebbe successo dopo e "perchè".

Potenza plutoniana: la morte che porta alla rinascita.

Sempre in quell'anno, decisi di imparare di più, volevo iniziare una formazione che mi avrebbe permesso di strutturare e di approfondire la mia conoscenza astrologica da autodidatta fin dalla gioventù. Scelsi l'Eridano School di Lidia Fassio, scuola umanistica moderna con approccio psicologico all'astrologia, lontana dalla visione classica e tradizionale in cui non mi riconoscevo ma considerata sempre con grande rispetto e interesse perché il passato va rispettato e onorato.

L'intento era quello di conoscere meglio me stesso e non tanto di diventare un astrologo. Volevo applicare l'astrologia su di me, per affrontare tutti quelli aspetti che non conoscevo, o forse si, li conoscevo ma che nascondevo anche a me stesso per evitare di doverli, poi, condividere. A volte, i segreti si nascondono così bene che alla fine si finisce per dimenticare di averli per quanto sono segreti anche a noi stessi che non li troviamo più. Vengono nascosti bene nelle pieghe dell'anima e si fa finta di niente.

Iniziare la formazione, fu come entrare in terapia: mi autoscandagliavo da solo, ero paziente e terapeuta nello stesso tempo. Il primo anno fu un autentico viaggio interiore. Il dolore, la sofferenza della perdita affettiva è paragonabile al lutto: occorre viverla completamente per accettarla affinché ci possa lasciare veramente senza doverla rivivere nei rapporti successivi mascherata dalle paure, dalle diffidenze, dalla sfiducia che fanno arretrare invece che avanzare nel rapporto di coppia, impedendo ogni possibilità di crescita.

Per tre anni, avevo bevuto dal calice plutoniano: un veleno che diventò cura, portò l'inizio della guarigione di un'anima malata e assetata di affetto.

Il primo anno della formazione, si concluse con una tesina che riporto in questo libro. Per tutto quello che avevo vissuto e per tutto quello che stavo imparando, non potevo che scegliere un argomento che, astrologicamente parlando, rappresentava il cuore pulsante delle dinamiche affettive: Luna e Venere, le due metà del cielo interiore che si uniscono quando ci innamoriamo portandoci non solo gioia ma anche l'eco di una lontana sofferenza che tenderà a riemergere per essere guarita. Il suo unico scopo: farci raggiungere l'integrazione attraverso il recupero di ciò che abbiamo perso di noi stessi nel tempo per poter essere amati e accettati.

Ho avuto la tentazione di modificare ciò che scrissi a suo tempo, di correggerla, di dargli un taglio differente, di allargare i contenuti ma alla fine ho scelto di lasciarla così com'è. Modificarla, avrebbe significato non rispettare ciò che ero a suo tempo e perdere le tracce di me stesso.

Ho semplicemente aggiunto alcuni capitoli che avevo omesso perché erano stati scritti solo per me ma che non erano necessari ai fini della tesina da presentare.

Ci sono intrecci mitologici, storici, neurologici e contenuti di sessuologia, cenni di matriarcato e di patriarcato, considerazioni del ruolo femminile e del maschile, analisi delle divinità pre-olimpiche. Argomenti legati con un unico filo conduttore:

Luna e Venere, pianeti affettivi sia per l'uomo che per la donna. Rileggerla a distanza di anni mi ha riportato a quella versione di me che sento, oggi, così lontana. Gli aborigeni australiani, quando vivono un'esperienza che li cambia profondamente, si cambiano il nome. Ecco, leggermi, mi ha dato l'impressione di leggere un'altra persona con un nome diverso rispetto al mio ma che riconosco nei tratti salienti che mi uniscono a lui-me.

La tesina, è una ricerca che racchiude un lavoro interiore di quel periodo. E' un lavoro "giovanile", a volte grezzo, altre volte acerbo vedendolo con gli occhi di oggi ma così importante e fondamentale a suo tempo per ricostruirmi. Per questo, alla fine, ho scelto di non modificarla e di lasciarla integra, così come fu scritta a suo tempo. Intendo onorare e rispettare quella parte di me che mi ha permesso di essere ciò che sono oggi: una persona un po' più matura che ha imparato a relazionarsi, prima di tutto con se stesso. Questa conquista, si espande, poi, anche all'esterno. Inevitabilmente.

Luna e Venere, dunque.

Fu fondamentale, per me, comprendere qual era la natura di una e quale fosse quella dell'altra. Nelle relazioni, spesso, perdiamo i nostri confini personali, si vivono lotte interiori tra essere liberi e vivere in coppia, si cerca un costante equilibrio tra le esigenze personali e quelle del partner. Viviamo dipendenze

emotive e affettive in multicolor ma, visto che la parola "dipendenza" non ci piace, tendiamo a chiamarla con altri nomi e dare le colpe a qualcun altro dei nostri malesseri. Quando lo facciamo, perdiamo anche il nocciolo del vero problema, non lo
identifichiamo e vaghiamo per anni in ogni tipo di relazione ma
con gli stessi problemi. Finiamo per incolpare il partner ma l'u-
nica costante, relazione dopo relazione, siamo sempre e solo
noi.

L'astrologia è maestra ad identificare zone, confini, unificazioni
e integrazioni personali. Fu fondamentale, per me, comprendere la natura lunare e la natura venusiana, distinguerle per
comprenderle.

Venere in Capricorno e Luna in Pesci: per anni, avevo vissuto
relazioni simbiotiche e di dipendenza tipiche del dodicesimo
segno dello zodiaco. Sembrava che io non conoscessi la mia
componente venusiana. Ma è anche vero che buona parte della nostra vita, tendiamo e tenderemo a relazionarci principalmente con i *"bisogni"* lunari: il bambino e la bambina in noi, ha
ancora tanto 'bisogno' e intende recuperare tutto ciò che non
ha avuto nella prima infanzia attraverso il partner.

Spesso, poi, confondiamo le emozioni con i sentimenti che rendono il quadro relazionale ancor più complicato.

Conoscere la Luna e Venere, sia per un uomo che per una donna, aiuta a far chiarezza in tante dinamiche relazionali.

Da un punto di vista astrologico, questa conoscenza ci mette nelle condizioni di comprendere in profondità il nostro vissuto affettivo, presente quanto passato. Anzi, per meglio dire, il miglior risultato lo si ottiene indagando le relazioni che abbiamo vissuto nel momento in cui abbiamo chiarito che cos'è la nostra Luna e che cos'è la nostra Venere per noi. Non parlo tanto del fatto che sia in aspetto con un pianeta o con l'altro, che sia in un segno o nell'altro ma quanto nella loro più profonda simbologia, indipendentemente da dove si trovano nel nostro cielo di nascita. Tutto il resto, viene semplicemente dopo e non prima.

Quando entriamo nella sfera delle relazioni, lo studio combinato dei due pianeti ci permette di evidenziare un'area ben definita. Entrambi racchiudono un'ampia simbologia e, per districarci in questo labirinto, occorre avere una chiave di lettura, un *"fil rouge"* che leghi insieme tutti i significati utili per poter raccontare una storia: la nostra.

Indubbiamente già conosci il significato dei due pianeti nei segni. Tuttavia, è bene conoscere non solo la loro *"modalità"* d'espressione, occorre andare più in profondità e comprendere la loro *"natura"*, capire chi sono, che cosa sono e che cosa vogliono no.

Il più delle volte conosciamo bene la natura del nostro problema, altre volte no. Magari abbiamo fatto un continuo lavoro personale ma ancora sentiamo di non aver fatto il salto definitivo verso una relazione più armoniosa.

Per oltrepassare il muro invisibile che ci separa da questa meta, ci vuole la stessa energia emotiva, lo stesso shock emotivo per entrare nel nostro problema e tentare di risolverlo. Magari per anni lo abbiamo compreso intellettualmente ma sarà solo quando saremo rientrati in quell'emozione che si potrà sciogliere il nodo. Non prima e non a livello mentale che ci permette solo di creare una mappa, una sequenza degli eventi e capire le mosse successive che si potranno fare per non ricadere nella nostra stessa trappola.

A livello mentale, si osserva dall'esterno senza entrare dentro il problema. Tuttavia siamo riusciti, forse, ad identificarlo, sappiamo dov'è, sappiamo come si manifesta, sappiamo le conseguenze di un certo corso di azione e di comportamento. In un certo senso, possiamo dire che abbiamo fatto un training in attesa del momento della verità. Ci siamo preparati rivedendo e dando un significato diverso al nostro passato, abbiamo letto libri, abbiamo fatto seminari ma ci attende l'ultima tappa: lo shock emotivo per rientrare nel cuore del nostro problema.

Possiamo aver fatto un grande lavoro con noi stessi, pensiamo anche, forse, di aver risolto il problema. A livello intellettuale

quasi sicuramente ma a livello emotivo, le possibilità di fallimento rimangono estremamente alte e ancora possibili.

Lo dimostra il semplice fatto che anno dopo anno, relazione
dopo relazione o nello stesso rapporto, ci ritroviamo immersi
nella nostra *"costante"* che si ripete. Pensavamo di aver fatto
passi in avanti, che gli anni di terapia siano serviti a qualcosa,
ma, quando si riattiva la sfera emotiva, tutto ancora una volta
sembra precipitare. Come un effetto domino, si riattivano una
varietà di dinamiche.

Per alcuni l'effetto domino sarà devastante, per altri l'occasione
per spostare i propri confini verso spazi nuovi con nuove possibilità.

Vediamo persone adulte che sono ancora impegnate a risolvere dinamiche affettive di venti, trenta anni prima che si ri-
petono con regolarità con la stessa persona o con altre.

Gli anni passano, si invecchia ma il problema è come allora.
Sono le nostre prove e sicuramente ognuno fa quello che può
in un determinato momento della sua vita. Non è facile anche
perché siamo immersi in consigli in formato pillole, ci basiamo
su luoghi comuni, su storie raccontate dagli amici traendone un
utile insegnamento ma che, tuttavia, non hanno nulla a che vedere con la nostra vita, aspiriamo a sogni che sogni non sono
se non illusioni ben confezionate da noi stessi.

Sfiducia, pessimismo, dubbi, disistima, scoraggiamento sono dietro l'angolo ancor più quando pensiamo di aver fatto un buon lavoro ma che alla fine non è così. Forse è perché abbiamo solo sbagliato i "tempi" o non abbiamo usato il "tempo" che avevamo a disposizione prima che incontrassimo il nuovo shock per far qualcosa con noi stessi limitandoci a dire *"La prossima volta andrà meglio"* o, più semplicemente *"E' stato/a un/a stronzo/a, è tutta colpa sua"* e via dicendo.

Che ognuno trovi la sua scusa migliore per celare il proprio inganno dietro le vane speranze di un futuro migliore. Questa tattica conduce ad un unico risultato: la perdita della propria capacità di "scelta" nonché del proprio potere personale. Si finisce di pensare che il problema sia fuori non dentro di noi e che siamo vittime e non artefici del nostro destino che prende vita scelta dopo scelta.

L'astrologia non solo identifica le nostre aree problematiche, ci permette anche di accedere alle nostre personalissime risorse per risolverle. Lo fa non solo raccontandoci la nostra storia, il tema natale, ma anche attraverso i transiti del momento, ossia, ci aiuta ad individuare i "tempi" in cui conviene lavorare e sfruttarli al massimo. Ci indica anche il "tempo" in cui verremo sfidati dagli eventi. Difficilmente, se non con grande difficoltà, si riesce a far qualcosa durante una crisi se non ci si arriva pronti, preparati e nell'aver individuato la mappa del territorio in cui ci stiamo muovendo. Saremo costretti a far tutto quello che non abbiamo fatto in precedenza a un ritmo così veloce ed intenso che difficilmente riusciremo a reggere a lungo. Spesso si sprecano i momenti di calma della nostra vita senza far niente, anzi, ci rallegriamo che la fase cupa sia passata e ci si da alla spensieratezza. Ma la vita, presto, tenderà il suo agguato perché l'evoluzione del Sè e il processo di individuazione è un paradosso: per tentare di unificarci ci disintegra ancor più per stimolarci ad essere uniti, veri e autentici nella nostra piena consapevolezza e potere. Non si può scappare e a noi, come sempre, ci aspetta la "scelta" di cosa fare, come farlo e quando farlo.

Intorno a Luna e Venere, ruota il binomio problema-soluzione.

Ti consiglio uno studio profondo di questi due pianeti, sulla loro simbologia, sul loro valore archetipico che mette in luce la loro natura più profonda che prenderà vita, solo successivamente, nei segni natali. Essi aiutano, si, ma solo in parte a comprendere tutte le dinamiche sotterranee di significato celate sotto il nostro vissuto emotivo-affettivo.

Scoprire che un tempo Venere era l'incarnazione e l'unificazione della sposa e dell'amante, dove l'erotismo e la 'prostituzione' erano fuse insieme ma che successivamente è stata scissa in due, aiuta a comprendere uno dei tanti aspetti della nostra scissione moderna di Venere tra sacro e profano che ci permettiamo di vivere con noi stessi e nella relazione con il nostro partner. Questo discorso riguarda sia per l'uomo quanto per la donna, in modalità diverse perché entrambi sono sottoposti a Venere. Comprendere le dinamiche profonde, forse si riuscirà a rispondere anche alla domanda perché si tende a cercare relazioni parallele, perché si vive un certo tipo di erotismo con il partner e un altro tipo di erotismo con l'amante. Tante altre domande possono trovare risposta.

Quello che racconto in questa tesina, è la sintesi del viaggio di scoperta della mia natura lunare e venusiana. Ci son voluti, poi, altri anni per integrali veramente nel mio vissuto e continuo a farlo ancora oggi e lo farò anche domani perché le relazioni affettive sono il luogo privilegiato per conoscere se stessi più velocemente rispetto alla solitudine e al disimpegno affettivo.

Spero che la lettura ti possa stimolare ad iniziare il tuo viaggio di scoperta, iniziando a fare ricerche, letture, corsi, scuole di astrologia o semplicemente, come autodidatta, avvicinandoti all'antico sapere della sfera celeste e comprendere il significato profondo della Luna e di Venere nel tentativo di uscire fuori dalle tue "costanti" e iniziare a sperimentare nuove possibilità di relazione sulla base della fiducia, del coraggio, della stima e nel rispetto personale e altrui, per coltivare quell'emozione chiamata *"gioia"* che i psicologi sono concordi a definire come l'unica base su cui poggia il sentimento chiamato *"amore"*, per se stessi e per il proprio partner per estendersi in tutte le cose della vita. Giustamente viene detto che *"se vuoi cambiare il mondo, cambia prima te stesso"*.

Per chi, invece, è già in viaggio, forse troverà gli argomenti molto elementari, incompleti, grezzi. Come dicevo, è un lavoro "giovanile", il mio primo scritto di astrologia. Così come l'ho scritto, l'ho lasciato a parte qualche aggiunta. Non lo considero uno scheletro nell'armadio da nascondere ma una reliquia da onorare.

Che tu sia Donna, che tu sia Uomo, conoscere sia la Luna che Venere sotto diverse prospettive, aiuta a rivedere la propria identità con un nuovo femminile e nuovo maschile.

Questo è il Libro I, seguirà il Libro II con maggiori approfondimenti.

Buona lettura.

La relazione.

Relazioni affettive: come si sceglie? Chi sceglie chi?

Che ruolo hanno avuto le figure genitoriali nell'imprinting emotivo-affettivo?

Che cosa ci spinge verso un partner piuttosto che un altro?
Come vengono vissute le emozioni *(Luna)* e che tipo di valore
personale *(Venere)* ci siamo costruiti nel tempo? Quali sono i
passaggi tra la simbiosi lunare e la conoscenza di se stessi attraverso l'altro con Venere? Come uscire dalla dipendenza e creare, attraverso la riscoperta di Venere e una maturazione lunare,
un rapporto basato sull'interdipendenza? Perchè la separazione emotiva che desidera Venere è così drammatica per la Luna? Cosa spinge due amanti a cercare il sogno simbiotico e non
la propria unità psichica come Sacro Graal di crescita personale
in una relazione?

Gli archetipi legati alla Luna e a Venere sono archetipi relazionali e amorosi. Non solo ci permettono di comprendere il proprio vissuto emotivo, comprendere i nostri bisogni (Luna) ma ci
aiutano a capire che cosa abbiamo erotizzato nell'infanzia e
che cosa cercheremo, per raggiungere uno stato di benessere
interiore, a realizzare i nostri desideri, a vivere i nostri senti-

menti, ad esprimere i nostri valori e ad avere relazioni funzionali (Venere). I due pianeti rappresentano l'intero contenuto emotivo-affettivo ricevuto fin dai primissimi momenti della nostra vita e vivremo, per buona parte della nostra esistenza, questi modelli inconsci.

La Luna sarà vissuta come una ricerca dello stato di fusione simbiotica con il proprio partner, memori del ricordo del legame materno che rappresentò la nostra prima relazione intima con un'altra persona che aveva il potere di soddisfare i nostri "bisogni" e renderci felici.

Solo successivamente, nel momento in cui avremo superato la fase del *"bisogno"* si potrà avere accesso al vero mondo di Venere che esprime il principio di *"piacere"* su una base relazionale vissuta come *unione* e non come *fusione*. Per arrivare a questa meta, occorrerà fare un lungo viaggio. Fino a quando non lo completeremo, la Luna tenderà sempre ad estendere il suo dominio su Venere, impedendo, di fatto, ad esprimere la sua natura simbolica, una tra tutte, la capacità di "scelta": se rimanere o meno in un rapporto nonostante il legame che ha una natura tipicamente lunare di "attaccamento" che spinge a non staccare il cordone dal partner ma a mantenerlo, nonostante tutto. La Luna non si pone minimamente il problema della "scelta" se non in termini di assenza e di mancanza di una presenza all'interno del legame simbiotico-dipendente che intende creare.

La Luna, nel suo ruolo passivo, ci porta costantemente verso l'altro, le nostre attenzioni sono rivolte al partner.

Venere, nel suo ruolo attivo, ci porta costantemente verso noi stessi perché ci spinge ad "arricchirci" e non ad "impoverirci" all'interno di una relazione e, quindi, ci porta domande che ci mettono nella condizione di pensare che cosa sia bene per noi.

Il mito ci ricorda un aspetto fondamentale: Venere non è *"scelta"* ma è lei a *"scegliere".* Lei sa di avere un valore e il suo intento è trovarsi in uno stato di "benessere". Lo fa vivendo ciò che sente indipendentemente dall'altro.

Venere incarna il *principio del piacere* che prende vita da ciò che desideriamo e da ciò che diamo valore ma per capire cosa ci piace e cosa desideriamo, si presuppone che siamo stati liberi di scegliere per conseguire il nostro stato di benessere.

Dalla fase infantile del *"bisogno"*, espressione lunare, si passa alla fase adulta del *"piacere"*, espressione venusiana, attraversando la fase in cui prende vita ciò che viene considerato "erotizzante" basato sull'imprinting del primo modello relazionale.

Se con la Luna troviamo l'origine degli schemi emotivi relazionali (diade madre-bambino), con Venere troviamo l'aspetto erotizzante (fase Edipica, l'incontro con il genitore del sesso opposto), la carica e l'intensità dell'emozione lunare.

I due archetipi rappresenteranno il nostro schema interiore che tenderà ad essere attivato di fronte al potenziale partner facendolo risuonare come familiare in virtù dell'imprinting iniziale. Scatta, così, l'innamoramento.

Alla relazione e ai contenuti emotivi vissuti con la madre verrà aggiunto il modello affettivo-erotico vissuto con il genitore opposto.

Entrambi gli archetipi diventeranno il copione inconscio nella ricerca del partner e nella conseguente relazione affettiva.

La capacità di creare un rapporto dipende dalla relazione di attaccamento che abbiamo sviluppato nei primi anni di vita.

La Luna, incarnando questa fase, rappresenta anche i bisogni non risolti che si cercheranno di compensare attraverso i rapporti. Avremo, quindi, le prime relazioni affettive come relazioni d'appoggio, in cui entrambi i partner cercano di guarire le proprie ferite nate da bisogni (lunari) non soddisfatti nell'infanzia. Cercheremo, in un modo o nell'altro, di chiudere quella fase di vita ottenendo dal partner ciò che non siamo riusciti ad ottenere a suo tempo: attenzioni e cura mai soddisfatti pienamente.

Venere, ossia il "piacere", l'unione e la conoscenza di se stessi attraverso l'altro, ci spinge dal *modello simbiotico* lunare al *mo-*

dello relazionale, ossia, il piacere personale da condividere con l'altro separato da sé. Non c'è più fusione di due identità ma c'è diversità, c'è relazione tra due persone diverse che si conoscono e si accettano nella loro individualità separata dalla propria e si incontrano senza fondersi, senza perdersi ma cercando di riscoprirsi attraverso l'altro, conoscendosi e accettandosi nella loro diversità senza cercare compensazioni passate, attenzioni tipiche dell'età infantile.

Venere, in questo modo, metterà le basi per un vero e autentico rapporto affettivo dal quale si costruirà un sentimento amoroso maturo e realistico scisso, definitivamente, dalle componenti simbiotiche e illusorie di natura lunare basata sui "bisogni". Possiamo dire che una Venere vissuta e riscoperta nel proprio tema natale permette una maturità emotiva in cui i "bisogni" lunari si evolvono in una direzione più funzionale nella crescita individuale: quello del "ben-essere" e all'autovalorizzazione che non dipende dal partner. Lo stadio infantile lascia il posto alla vita adulta nell'ambito relazionale che ha basi paritarie e non di sostegno.

Questo percorso di crescita e di consapevolezza emotiva-affettiva, ci riporta verso uno dei principi della psicologia junghiana, quello del *"principio di individuazione"*.

C. G. Jung definiva tale concetto come un processo di differenziazione che ha, come ultimo scopo, lo sviluppo della personalità, base per il processo di elevazione spirituale.

Il viaggio del riconoscimento della propria essenza individuale, passa inevitabilmente dalla separazione dai valori familiari e sociali, assorbiti lungo il processo educativo, da quelli individuali, distinguendo cosa è personale e cosa non lo è, riuscendo a distinguere che cosa siamo da quello che non siamo nel balletto essenza-apparenza.

Nel binomio Luna-Venere, si assiste a tale processo di differenziazione in cui l'individuo passa dalla *relazione fusionale* alla *relazione paritaria*, da un io permeato dall'inconscio individuale a un io consapevole di sé. Ciò gli permette di aiutare il Sole (segno di nascita) nel suo viaggio di espressione individuale, alleandosi e non ostacolandolo nel suo progetto di vita perché noi non siamo ancora il nostro segno di nascita ma lo dobbiamo diventare. L'individuo cercherà di conseguire questo risultato definendo la propria coscienza e unità interiore non più cercata attraverso l'unità con l'altro (Luna) ma avendo valorizzato se stesso (Venere) nel suo viaggio di auto-conoscenza.

Il *processo di individuazione* coinciderà con l'evoluzione della coscienza verso lo stato originario di identità personale che viene ricomposta attraverso: la fase di frammentazione che si verifica durante la fase infantile, di integrazione verso i valori e la cultura sociale durante la crescita, di nuova frammentazione per separare valori sociali e valori individuali e una nuova fase di integrazione dell'identità. Un processo continuo di frammentazione e integrazione in una spirale evolutiva.

Tutto questo si verifica solo se il processo non incontrerà resistenze interiori e sarà un processo che ci vedrà impegnati per tutta la vita. Osserviamo spesso, infatti, come le persone adulte abbiamo comportamenti infantili nell'ambito relazionale. Il bambino, la bambina interiore che è in noi non è quell'espressione innocente e saggia di noi stessi, bensì è l'espressione capricciosa, piangente, prepotente, egoica, tirannica che ancora pesta i piedi per terra per attirare attenzione e soddisfazione dei propri bisogni e che improvvisamente si fa silenziosa sotto la minaccia della perdita della persona a cui gli stessi capricci sono rivolti. Lo stadio evolutivo di crescita si è trasformato in un loop: l'età anagrafica dirà che si è adulti ma l'età emotiva dirà l'esatto contrario.

Nyx: l'abbraccio avvolgente sulla Luna.

Quale legame ancestrale possiamo rintracciare tra la Luna e Venere con Nyx? Cerchiamo di scoprirlo.

Tutti noi siamo a conoscenza che vediamo solo un lato della Luna, l'altro, rimane perennemente celato alla nostra vista. Rimane avvolto nell'oscurità siderale, non ha *nome*, mentre il suo volto visibile di crescente, piena, calante e nuova ha ispirato molte associazioni, molti parallelismi nella simbologia con la donna. Diverse divinità sono state chiamate a personificare le diverse fasi lunari: Artemide, Demetra ed Ecate.

La Luna era chiamata la Dea Trifasica fino a quando non vennero le dee successive.

Serve ricordare che la Luna non può essere associata, soltanto alla donna perché riguarda anche l'uomo in un tema astrologico. Non è immune dei sui influssi e simbologia antica.

Non dobbiamo dimenticare, infatti, che per i popoli di lingua germanica la Luna è *"Der Mond"* traducibile come *"Il Luno"* e che *Chandra*, il dio della Luna indiano, è una divinità maschile.

I pianeti in generale sono spesso descritti in base a caratteristiche femminili e maschili ma in realtà descrivono delle funzioni presenti nella psiche di entrambi, rappresentando aspetti diversi.

Nelle relazioni affettive, Luna e Venere, agiscono sia nella donna quanto nell'uomo ed entrambi sono sottoposti al significato simbolico. Quando si parla del lato oscuro della Luna e del lato rimosso di Venere, riguarda entrambi gli individui della coppia in quanto entrambi i p aneti si faranno sentire nelle dinamiche di relazionali sia con i loro lati luminosi sia con i loro lati d'ombra oltre a riflettersi su quella personale che attinge, a sua volta, da quella collettiva.

L'ombra è quella parte di noi che rinneghiamo perché non in linea con ciò che pensiamo di essere in quanto ci rimanda un'immagine negativa di noi stessi e che rifiutiamo di riconoscere come nostra ma che, tuttavia, dovremmo integrare per raggiungere la nostra completezza individuale.

Il recupero del lato nascosto della Luna e di Venere è un lavoro che emerge con forza nella coppia perché è qui che scopriamo debolezze, fragilità nonché i lati censurati quanto i tabù più resistenti, tenaci e nascosti che sabotano i nostri legami affettivi. Emergono le ferite e le sofferenze dei due pianeti che a loro volta riportano ferite e amputazioni del loro significato originario. Un effetto domino, dall'alto verso il basso, da loro a noi.

Questo non è un lavoro solo per le donne ma lo è soprattutto per gli uomini che devono integrare e unire la loro visione del femminile che rimane ancora distorta ed ancorata all'egemonia dell'uomo sulla donna alimentato dalla visione del patriarcato.

Ecco, allora, che comprendere il significato simbolico della Luna e di Venere, ci permette di comprendere la complessità di un certo tipo di consapevolezza che deve essere riacquisita per poter vivere in modo funzionale qualsiasi tipo di rapporto.

Il lato nascosto della Luna, il *"senza nome"*, ci conduce anche alla scissione di Venere che vedremo bene successivamente. Una scissione che ho prodotto la divisione tra il lato luminoso e quello oscuro di Venere, relegando caratteristiche, aspetti, qualità ritenute incompatibili con il concetto di armonia e di amore che la Dèa rappresentava ma che, invece, erano parte della sua natura e che essa esprimeva anticamente nella sua integrità.

Per rispondere alla domanda iniziale, ossia, quale legame ancestrale può unire i due pianeti, possiamo avanzare una risposta e chiamare in causa un'altra divinità ancora più antica: Nyx, la Madre della Notte. E' nel buio che si nascondono le cose che vogliamo tenere nascoste, luogo in cui la coscienza si libera di contenuti scomodi relegandoli nell'inconscio.

Nyx rappresenta, possiamo dire, in un certo senso, l'intero contenitore del mondo lunare e venusiano perché entrambe hanno subito un'amputazione nella loro essenza e della loro natura che Nyx tiene in vita per farle emergere dalla "notte" dell'anima. Racchiude il Popolo della Notte, le nostre ombre.

Per comprendere questo ruolo e il legame che unisce Nyx, Luna e Venere occorre comprendere cosa accadde all'alba dei tempi e ritornare alle origini della sua storia.

Molto prima della creazione e della comparsa delle divinità, gli antichi credevano che esistesse solo il vuoto senza forma, senza fine di colore nero. Secondo i misteri orfici, da questo inizio primordiale nacque la prima divinità, Nyx, una delle Dee più potenti mai citate dalla mitologia greca.

Il nome Nyx, in greco antico, significa "notte": la sua luce scura cade dalle stelle e si impone sia sugli uomini che sugli Dèi. Lo stesso Zeus la temeva.

La sua posizione celeste era a metà strada tra le potenze oscure e quelle dell'ordine rappresentate dalla luce, reggendo una forma di equilibrio tra creazione e distruzione attraverso la nascita e la morte.

Era venerata per i suoi poteri oracolari e poteva vedere al di là della notte e del presente. Simboleggiava la base del principio femminile oscuro che è la sorgente creativa di tutto ciò che esiste. *Oscuro* non era sinonimo di malvagio ma di *celato*, nascosto e aveva connotazioni positive in quanto collegato al mistero del ciclo di vita e di morte, morte che gli antichi non temevano rispetto all'uomo moderno che rappresenta un tabù e un significato di fine di tutte le cose. Il tempo lineare, che sostituì il tempo ciclico della vita, contribuì ad alimentare la paura della morte. Il solo pensiero terrorizza la mente dell'uomo moderno ma non terrorizzava l'uomo antico.

La storia di Nyx descrive il significato essenziale dell'oscurità. Le sue caratteristiche sono state distorte nel corso del tempo e ora sono arrivate a simboleggiare le nostre paure dell'oscurità e del lato ombra della vita.

Veniva raffigurata come una Dèa dalle ali nere avvolta da una veste scura, con un velo nero brillante sulla testa reggendo in mano una torcia spenta rovesciata.

Da Nyx nacquero alcune delle forze più potenti tra cui: *Keres* (le Tenebre), *Eride* (la Discordia), *Tanatos* (la Morte), *Ipno* (Sonno e i Sogni), *Philotes* (la Grazia), *Oizys* (il Dolore e la Miseria), *Apate* (l'Inganno), *Geras* (la Vecchiaia) per citarne alcune.

Ma di Nyx dobbiamo ricordare anche tre gruppi di figlie: le Moire, le Erinni, le Esperidi e una quarta figlia, Nemesi. Le figlie di Nyx rappresentavano la forma trina della Dèa.

La Luna, con l'avvicendarsi dei suoi cicli di crescita e decrescita, divenne per gli antichi un simbolo di nascita, crescita, morte e rinascita di tutte le forme viventi.

Nella sua triplice manifestazione, Nyx, infatti, si mostrava come *Notte, Ordine* e *Giustizia*. Il compito delle figlie era di assicurarsi che le leggi dell'universo fossero messe in atto e mantenute. Punivano coloro che oltrepassavano questi limiti.

Nelle nostre anime, queste sorelle oscure, rappresentano gli elementi primitivi dell'oscurità, il lato inconscio del nostro essere che si oppone alla *trasgressione* delle leggi naturali.

La Luna, Regina della Notte, si manifesta in tutto il suo splendore verso di noi brillando nei cieli scuri, illuminati solo dal suo bagliore. Ogni notte appare in veste diversa, evocando il mistero che circonda il suo manifestarsi luminoso e oscurato.

La fase oscura del ciclo lunare possiede tutto quanto non può essere visto con gli occhi della veglia e non può essere compreso con la razionalità. I contenuti di questa fase del ciclo sono stati etichettati come "oscuri", percepiti come minacciosi, e fatti passare come tabù.

Quando il nostro io conscio respinge e nega l'esperienza e la saggezza della fase di oscurità, tali contenuti crescono e finiscono per incarnare le nostre peggiori paure, assumendo la forma spaventosa di un'ombra demoniaca per noi stessi e per la società. Nyx è la Guardiana: prende e restituisce.

Quando siamo infelici, diciamo che stiamo attraversando un periodo nero, associando il nero alla mancanza di amore, alla paura di essere abbandonati, all'alienazione, al fallimento, all'isolamento, alla dissoluzione e alla tristezza. Il buio rappresenta la nostra paura di invecchiare, di ammalarci e di morire. Esso vela e nasconde i dolori e i ricordi di traumi segreti come l'aborto, l'incesto, la violenza sessuale, gli abusi psicologici, i disordini alimentari, le patologie corporee, la dipendenza. Il buio tiene questi spaventosi segreti sepolti profondamente nel nostro inconscio.

Poiché la nostra percezione del buio è piena di immagini di perdita, di dolore e di sofferenza, noi reagiamo con paura, panico, ansia, confusione, depressione e disperazione ogni volta che attraversiamo le frequenti fasi di oscurità nelle nostre vite.

Nel corso dell'anno, abbiamo tredici Lune, tredici Grandi Madri: ognuna ha un segreto da svelarci, un dono da porci nelle mani, un mistero che custodiscono per noi dal tempo antico. Certo, per incontrare la Luna bisogna immergersi nella notte. Per incontrare le Grandi Madri bisogna avere la *fiducia* di potersi immergere nel mare primordiale del loro grembo, perdere l'orientamento, sentirsi inghiottiti e morire ma avendo fiducia che si riemergerà dalle acque primordiali come *ri-nati* a nuova consapevolezza e con una integrità ritrovata: la nostra completezza.

Nonostante che i primi esseri umani sapessero bene che il potere della vita risiede nell'oscurità della Luna, dopo migliaia di anni l'umanità ha dimenticato questa verità e ha cominciato a temere il potere della Luna calante: l'oscurità.

Nyx governò l'universo finché i suoi poteri non passarono a Urano con l'avvento degli Dèi olimpici e patriarcali.

Per la coscienza solare patriarcale la notte diventò la sorgente del male, mentre per la coscienza mistica degli orfici la notte rappresentò la profondità della luce (Phanes).

Nyx (Notte) venne rapidamente privata dei suoi poteri da *Etere* (Aria) e da *Emera* (Giorno), dopodiché lo scettro passò a *Urano* (Cielo) e a *Gaia* (Terra) con l'avvento dei nuovi Dèi dell'Olimpo.

Sia in Cicerone che nell'Argonautica Orphica, Nyx è considerata la madre di Urano. Bacchilide le attribuisce, invece, la maternità di Ecate (la Luna calante).

Nelle antiche mitologie la notte precedeva il giorno e la Luna precedeva il Sole e, con la transizione ai nuovi Dèi solari, il Sole guadagnò vantaggio sulla Luna e il giorno sulla notte.

Il culto della misteriosa Dèa della Notte fu man mano sminuito, abbandonato e di conseguenza venne temuta. Le genealogie successive fecero di Nyx la madre di una sinistra nidiata di creature. La sua stirpe personificava e descriveva tutte le cose inspiegabili e spaventose che accadevano al genere umano.

Nyx copre molte teologie e simbolicamente rappresenta il buio dentro ognuno di noi.

Nyx è l'ombra fatta divina perché se abbiamo solo il coraggio di comprendere e abbracciare l'oscurità, scopriamo che tutto è possibile e che nulla è fuori portata se solo gli diamo forma.

Nyx non ha limiti. Lei ci invita a sollevare i veli delle illusioni, di risvegliare il nostro potere in modo da raggiungere l'interezza dentro di noi. Il potere si perde quando si ha paura di agire, quando si perde la conoscenza dei doni che Nyx racchiudeva in sé come: il potere della rinascita, il potere della sessualità estatica, il potere della capacità di rigenerazione, il potere profetico.

La Luna nasconde perennemente l'altra metà di se stessa. E' costantemente immersa nella notte nel regno della Grande Madre, Nyx, a cui rimane perennemente legata e dalla quale riceve stimolo per la sua integrità che noi osserviamo, invece, scissa: il lato luminoso sempre visibile e il lato nascosto, sempre avvolto dalla notte siderale.

Nella notte di Nyx c'è anche Venere, non solo perché è la prima stella che si vede la sera ma anche perché il femminile originario, quello integro che la stessa Venere rappresentava, è stato rilegato dalla cultura patriarcale, come espressione di una natura minacciosa e non compatibile con l'essenza d'amore di Venere, il suo lato luminoso. Ma sappiamo quante volte l'amore si sia trasformato in odio e in vendetta. Questi mutamenti del cuore non cesseranno fino a quando il messaggio di Nyx per la Luna e per Venere non sarà integrato in entrambe: è qui per farci sapere che abbiamo più potenziale. Un potenziale che la Luna può attingere liberandosi dei suoi *bisogni* e che può farcela da sola, un potenziale che Venere può raggiungere recuperando il suo potere di essere autentica e in linea con la sua essenza in cui *pensare-dire-fare* vanno in un'unica direzione: quella dell'amore e del benessere proprio e altrui, un tipo di amore che produce *conoscenza*, conoscenza di sè e del mondo.

Nyx è il simbolo primordiale dell'ombra, quella della *notte*, e della luce, quella della *stelle*. Racchiude in sé tutte le qualità positive e negative unificate che, nel tempo, vennero scisse il altre divinità per personificare separatamente gli aspetti oscuri e luminosi in modo da rendere compatibili una rappresentazione in linea con la cultura del tempo. Vedremo come la Luna e Venere hanno subito una rimozione dei loro aspetti più oscuri che, tuttavia, permangono nell'inconscio collettivo e, quindi, individuale.

E' bene ricordare, ancora una volta che *oscuro* significava semplicemente *nascosto*, *celato*, non aveva nessun significato negativo se non successivamente.

Nyx era un'unificazione di tanti aspetti e tutto ritornava sempre a lei. Con l'avvento delle divinità olimpiche, delle divinità solari e delle religioni, la sua natura venne frammentata in diverse personificazione di divinità femminili separando il lato luminoso da quello oscuro. Quest'ultimo venne poi demonizzato e combattuto. Il risultato che si ottenne fu di un'immagine del femminili scissa e di una mentalità maschile non solo di dominio ma anche distorta del ruolo della donna.

I problemi di un tempo sono diventati i problemi della società contemporanea.

Perchè si sta parlando di Nyx, il mito più antico dell'umanità?

Perchè la sua simbologia, nel tempo, passò dall'unità alla frammentazione che oggi, uomini e donne, son chiamati a ricomporre e a ricostruire prima interiormente e, poi, manifestarla nel loro essere maschile e femminile rinnovato.

Riscoprire la Luna e Venere nella loro integrità significa conseguire questa finalità.

Il Mito Lunare.

Dalla notte dei tempi, ai tempi della società matriarcale, la Luna era il culto della Grande Madre che aveva il compito di dar vita e di nutrire l'intera comunità, proteggendola e sostenendola. I nostri antenati la collegavano alla Terra da cui dipendeva la sopravvivenza e, soprattutto, alla forza del femminile. Ma la Luna aveva anche due volti, quello visibile, associato alla '*madre buona*' e quella invisibile associato alla '*madre cattiva*' che punisce, che incute timore e paura.

All'inizio dei tempi, la Luna rappresentava una sola divinità, la Dèa Trifasica.

In precedenza, è stata vista Nyx, la Madre della Notte, come figura intermedia tra le potenze oscure (la notte) e la potenza della luce (le stelle). Anche la sua era una rappresentazione trifasica, il culto più antico cell'umanità. La Luna, la Grande Madre del periodo matriarcale, era una rappresentazione unica e unita della divinità.

Fu l'avvento degli Dèi dell'Olimpo dell'antica Grecia, con il culto solare a scindere la divinità femminile in tre rappresentazioni.

La Luna, con l'avvicendarsi dei suoi cicli di crescita e decrescita, divenne per gli antichi un simbolo di nascita, crescita, morte e rinascita di tutte le forme viventi.

Tre furono le divinità associate alle fasi lunari:

- Artemide come Luna crescente, fase dell'adolescenza;

- Demetra come Luna piena, la fase della maturità;

- Ecate come Luna calante e nuova, la fase della vecchiaia con la sua saggezza.

Scomparve completamente la fase di *'Luna oscura'*, che si verifica tre giorni prima della Luna nuova, che rappresentava anticamente la fase di guarigione e di rigenerazione, il passaggio tra la distruzione del vecchio e la creazione del nuovo. Anticamente veniva rappresentata dalla Dèa Oscura, una Dèa saggia che racchiudeva in sé il mistero della morte e della rinascita.

Questa divinità scomparve completamente in quanto venne identificata con il femminile malvagio, terrificante, con una sessualità primitiva che, nel periodo dei nuovi Dèi solari, vedevano in lei una minaccia per la cultura maschile.

Le caratteristiche negative della Dèa Oscura vennero inserite in Ecate spogliata dalle sue valenze positive che la Dèa Oscura rappresentava. Ecate, anticamente, aveva un grande potere che nel corso del tempo le venne sottratto con il passaggio degli dei solari che enfatizzavano un forte maschile. Per farlo occorreva annullare il potere femminile rappresentato dalla divinità lunari. Lo fecero cancellando la Dèa Oscura (una fase del ciclo lunare) e associando ad Ecate le qualità malvagie del potere femminile.

Si passò dalla singola Dèa Trina, trifasica, in cui le sacerdotesse praticavano anche riti sessuali con i membri della comunità, in quanto erano canali della manifestazione divina, alla sua suddivisione in tre aspetti distinti con tre divinità differenti oltre alla soppressione della Dèa Oscura appartenente al ciclo lunare.

Una Luna privata della sua componente sessuale in quanto venne, poi, collegata a Lilith, l'eretica, colei che non accettò l'imposizione dell'uomo ma, originariamente, le tre divinità lunari erano strettamente collegate ai riti sessuali e le sacerdotesse delle Dèe avevano rapporti sessuali con coloro che andavano al tempio per onorare la divinità. La sessualità era purificazione, guarigione, manifestazione del divino.

La sacerdotesse erano le *vergini*, ma il senso di questo termine non è come lo intendiamo oggi bensì indicava che esse non appartenevano a nessun uomo e che erano libere.

Ritroveremo l'aspetto della ritualità sessuale più avanti con Venere. Sia la Luna che Venere hanno una connotazione fortemente sessuale del femminile quale via d'accesso verso la *conoscenza* non solo divina ma anche in termini di processo di integrazione della propria psiche di conoscenza estatica del divino. Molti di questi aspetti sono sprofondati nell'inconscio, sono stati eliminati e censurati nonché banditi nel corso del tempo dalla coscienza non solo femminile ma anche maschile in quanto i due pianeti son presenti nei temi natali di entrambi e assorbono materiali dall'inconscio che ha difficoltà a diventare conscio. Tuttavia, richiede una sua integrazione nei tempi moderni.

Tale passaggio permetterebbe all'uomo, quanto alla donna, di attuare un processo di *'guarigione'* in termini di relazioni e di dinamiche affettive nel momento cui si riuscisse a 'sdoganare' contenuti scomodi alla coscienza e alla cultura del tempo, ad integrarli nelle propria identità in quello che Jung ha definito *processo di individuazione*.

Molte problematiche odierne nei rapporti di coppia hanno avuto origine nella notte dei tempi: l'Uno è diventato il molteplice e solo il cambiamento della propria consapevolezza potrà trasformare questo molteplice in una nuova Unità del maschile e del femminile in cui sia le logiche del matriarcato quanto quelle del patriarcato verrebbero meno. Si individuerebbe un nuovo modello che li trascende entrambi per far emergere una nuova visione dei rapporti uomo-donna.

Tutte le divinità che nel tempo furono associate alla Luna hanno un'unica Madre: Nyx.

Sia la Luna, quanto Venere, sono state purificate dalla loro identità sessuale che aveva una natura prettamente ritualistica e sacra in quanto espressione del potere del femminile consacrato alla divinità. Questa dimensione soggiace sotto il livello della coscienza non solo femminile ma anche maschile perché è difficile associare astrologicamente alla Luna una componente sessuale ancor più quando simbolicamente è associata alla madre ritenuta asessuata e al nutrimento. Tuttavia, questo retaggio antico influisce su tutte le dinamiche relazionali, diventa la mano invisibile che guida le scelte quanto i rifiuti di farle.

Astrologicamente parlando, associare la sessualità alla Luna sembrerebbe fuori luogo. Tuttavia, stiamo scoprendo che ciò è dovuto alla perdita del suo significato originario con l'avvento del patriarcato. La Luna, oggi, è associata alla madre, alla sposa, all'infanzia, al passato, all'inconscio, al nutrimento ma non alla sessualità.

Tuttavia il "nutrimento" non può essere associato anche al nutrimento della sessualità sacra che l'uomo e la donna ricevono? Forse l'allattamento, non è un atto erotico primordiale che produce "piacere"? A cosa si riferiva Freud con il significato di "fase orale"?

Ci sono argomenti che non vengono affrontati più per la presenza di tabù che non per mancanza di conoscenza sulle cose.

La mitologia antica ci racconta una ben altra storia sull'aspetto oscuro (=nascosto) della Luna che viene escluso e censurato.

Tutto questo, impedisce alla donna quanto all'uomo, di recuperare le sue radici passate e di rinnovarle con la consapevolezza dell'età moderna.

Capitolo I

I - La funzione della Luna

La Luna dà risalto a due componenti fondamentali: le emozioni
e i bisogni più intimi. Ci mette in contatto con il nostro io emotivo più profondo, con i nostri istinti e le nostre reazioni.

Per la maggior parte delle persone, sono le emozioni che li conducono caoticamente e disordinatamente in ogni tipo di situazione. A volte, la forza lunare è così potente che sovrasta anche
l'essenza del segno solare, soprattutto se è indebolito dagli a-
spetti planetari. Così, spesso, la Luna rappresenta l'auto-immagine interiore di se stessi che risulta in contrasto con l'immagine solare. Vediamo di capire come si forma questa auto-immagine che ci condizionerà per buona parte della nostra vita.

Sia nella donna che nell'uomo, la componente lunare imprime
la sensazione di far parte di qualcosa di più grande di noi stessi.
Ci racconta una storia che va dalla gestazione, al nutrimento
del latte materno, all'attaccamento emotivo, fino allo svezza-
mento che rappresenta simbolicamente la scissione dalla figura
materna. Un figura di riferimento che rappresenta l'intero
mondo e la fiducia che avremo in esso nel momento in cui en-
treremo a farne parte da adulti.

Se il rapporto con la nostra *madre-mondo* è stato positivo, avremo una solidità interiore con cui riusciremo ad affrontare le sfide della vita così come i turbamenti emotivi che incontreremo lungo questo viaggio.

Viceversa il contrario, si sperimenteranno difficoltà, turbamenti e paure inconsce che creeranno inquietudini, incertezze non solo nei confronti del mondo ma anche con il partner nel momento in cui si entrerà in relazione.

La Luna, insieme a Venere, costituiscono per l'uomo il lato inconscio che Jung chiama *Anima* rispetto all'*Animus* femminile composto dal Sole e da Marte.

In qualità di *Anima*, diventa fondamentale comprendere come l'uomo ha costruito la sua immagine interiore del femminile. Da esso dipenderanno i rapporti futuri.

Di contro, Luna e Venere, per la donna, rappresenteranno il suo senso di identità femminile, la sua auto-immagine.

Diventa chiaro come la *Luna-madre-mondo* possano esercitare nell'uomo quanto nella donna, un influsso primario sulle vicende affettive da adulti.

La madre, oltre ad avere il ruolo del nostro accudimento, ha anche il ruolo di fare da filtro rassicurando e contenendo la nostra ansia, dolore e paura. La percezione che abbiamo avuto nel suo *prendersi cura di noi* rassicurandoci, nutrendoci, proteggendoci entra nella funzione junghiana di "sentimento-ra-

zionale", ossia rappresenta l'espressione basata su giudizi di valore. La valutazione viene fatta tramite le emozioni secondo il principio *accettati/rifiutati*.

La funzione sentimento-razionale permette di regolare l'equilibrio interiore davanti agli event che il bambino sperimenta attraverso le sensazioni fisiche per evitare una iper-emotività a danno della ragione o un'iper-razionalità a danno dell'emotività. Tutto questo, con l'aiuto materno se sarà in grado o meno ad aiutare il bambino a contenere e aiutandolo a gestire l'ansia, il dolore, la paura, la rabbia, l'aggressività e tutti quegli stati d'animo che producono turbamento.

Le sensazioni, che producono emozioni, verranno archiviate dal bambino attraverso il concetto se si è sentito *"accettato"* (quindi madre-mondo buono) o *"rifiutato"* (madre-mondo cattivo). Questo archivio mnemonico rappresenterà la traccia indelebile su cui poggerà il significato delle esperienze future che si faranno nell'ambito affettivo nel tentativo di cercar di comprendere ciò che si sta vivendo.

La Luna è alla ricerca dell'unione, dei legami, tende a creare dipendenza, coinvolgimento, attaccamento. Si cerca una fusione totalizzante.

E' la prima idea che si forma di *"relazione"* nell'individuo che prende forma dalla gravidanza fino ai 6 mesi di vita con la madre con la quale si vive in uno stato fusionale, simbiotico, di un amore incondizionato.

Uno stato che si cercherà di ritrovare e di ricrearlo, in quanto parte della nostra memoria originaria, c'era qualcuno che si prendeva cura di noi e tutto era meraviglioso, era il nostro Eden.

Con le prime relazioni affettive, si ricercherà, inconsciamente, quest'accettazione e questa forma di amore incondizionato. Lo schema lunare è la base emozionale della nostra prima relazione ma si tratta di una relazione di *appoggio* e di *bisogno*, in quanto non c'è scambio paritario e non c'è relazione autentica.

Esiste il *"legame"* non la *"relazione"* e, il legame che si crea, è un legame di fusione, di bisogno e di dipendenza che teme l'assenza.

Tuttavia, lo schema lunare ci spingerà a cercare continuamente l'atmosfera di un profondo stato unitario con un'altra persona ancor più se il rapporto che si è vissuto con la propria madre non è stato soddisfacente. Questo si verifica anche quando la fase simbiotica non ha avuto una sua conclusione naturale con la crescita ed è stata interrotta. Impossibilità di allattamento, madre lontana per lunghi periodi e altro ancora possono essere le cause primarie.

Che si sia avuto un rapporto insoddisfacente o che non si sia conclusa la fase simbiotica, il risultato sarà identico: si vivranno relazioni problematiche in virtù del fatto che non si avrà acquisito un'identità stabile e, quando non si hanno confini ben chiari, si tende a fondersi con i partner che produce dipendenza sotto la spinta di un eco ancestrale: il ritorno all'unità e di sentirci, finalmente, a "casa".

Fino ai 2 anni c'è una diade esclusiva tra madre e bambino. Solo successivamente, con la fase edipica inizia la triangolazione e la relazione con entrambi i genitori. Sarà in questa fase che Venere si attiverà dicendoci che cosa stimola le sensazioni di piacere, sia fisiche che psicologiche. Ma prima di questa nascita di Venere vivremo tutta la gamma lunare che va dal sentire, dalle emozioni, dai bisogni alla sicurezza. Potremmo successivamente sentirci adulti ma saremo profondamente ancora infantili.

Entrambi gli archetipi ci diranno qualcosa sulla relazione, ossia, la Luna ci dirà che cosa abbiamo *bisogno* per stare bene emotivamente, Venere ci dirà dove possiamo trovare *piacere*. Tuttavia, la fase lunare dei primi due anni ci parlerà sempre dell'unità e di come ci saremo sentiti all'interno di essa.

La Luna sarà sempre la spinta a farci ritornare a qualcosa di cui si è fatto parte, in cui vive il sentimento di appartenenza che annulla la sensazione sgradevole della separazione che produce solitudine. Tuttavia, sarà sempre una componente soggettiva perchè le cose, il mondo, le persone saranno contaminate dalle emozioni vissute nella prima infanzia attraverso la diade madre-bambino.

Quest'ultimo, è un rapporto basato sull'intimità che crea la sensazione del legame-attaccamento basato sugli scambi di messaggi emotivi continui.

Da qui, se l'attaccamento è su *base insicura*, si annida la problematica della dipendenza emotiva: l'individuo crede di non poter vivere senza qualcuno che per lui ha il ruolo di nutrimento e di gratificazione.

Questa problematica sarà evidente tanto più l'esperienza del nutrimento e della rassicurazione è stata insufficiente. Da ciò ne deriverebbe un'eco di insoddisfazione che spingerà alla ricerca di relazioni surrogate di ciò che non si è ricevuto in questa fase.

Se la Luna nel tema natale rappresenta i bisogni più profondi, gli aspetti con gli altri pianeti del tema metteranno in luce gli schemi emotivi. Quest'ultimi rappresenteranno le sequenze automatiche, indicheranno a cosa ci saremo abituati, saranno la risposta automatica con cui sarà più facile reagire.

Il mondo lunare è memoria, è legame con il passato e la memoria fa rivivere situazioni non più presenti riportandole e tenendole in vita in virtù di uno schema che si è consolidato che porterà alla coazione a ripetere in virtù della sensazione di *"familiarità"*.

Nel rapporto simbiotico con la madre, sviluppiamo l'empatia con i nostri e gli altrui bisogni, il modo in cui conteniamo le nostre emozioni e il modo in cui rispondiamo istintivamente alle situazioni e alle persone.

Tuttavia, da adulti, rimanere allo stadio della relazione simbiotica è estremamente problematico in quanto la simbiosi, cercata da un richiamo ancestrale, tenderà ad annullare l'individualità dei due partner oltre a rappresentare un prolungamento dello stato infantile impedendo la maturazione individuale.

La Luna è dunque la rappresentante dei nostri bisogni più profondi che, un tempo, sono stati appagati senza un nostro diretto intervento e che, per un lungo periodo, cercheremo di rivivere nel sentirci UNO con il nostro partner. Ci si sentirà con quella sensazione di *"mancanza"*, come di un qualcosa che abbiamo sentito fortemente dentro di noi e che ci ha insegnato che esiste un altro mondo, quello dell'unità, della fusione, di una totalità vivente sperimentata nelle fasi iniziali del proprio viaggio personale che ci rimanda costantemente al richiamo di essere uniti a qualcuno (la madre) e a qualcosa (la vita).

Una Luna lesa da aspetti difficili parlerà costantemente all'individuo di questa *"ferita"* iniziale sperimentata come una perdita dell'unità che ha prodotto una separazione che si cercherà di ricomporre attraverso il partner.

La Luna ci parlerà sempre di una relazione fusionale che rappresenta una compensazione dei "buchi" della prima relazione (madre-bambino) e si tenderà a cercare chi ci accetterà incondizionatamente, si cercherà qualcosa che non si potrà più avere nel vano tentativo di ristabilire uno stato originario di unità. La Luna ci ricorderà sempre, attraverso la memoria e il ricordo, di un legame perduto.

E' il mitico Eden a cui si vuole ritornare, sperimentato durante la gestazione all'interno della madre e successivamente dopo la nascita per un lungo periodo.

Capire l'attaccamento significa capire verso quale relazione siamo diretti.

La nostra psiche tende a girare attorno ai vecchi modelli e tende a rimettere in scena i vecchi schemi e le vecchie rappresentazioni di questo primo imprinting per buona parte della vita relazionale adulta con la speranza e il sogno, quanto illusione, di ritornare a "casa" per mezzo del partner.

Quello che si crede un sogno in realtà non è altro che illusione.

I.I - Modello di attaccamento

L'attaccamento può essere definito come un sistema di atteggiamenti e comportamenti che contribuiscono alla formazione di un legame specifico fra due persone, un vincolo le cui radici provengono dell'età infantile nella dinamica madre-bambino.

Fu John Bowlby a formulare la teoria dell'attaccamento. Secondo l'autore, il bambino è tendenzialmente portato a sviluppare un forte legame di attaccamento con la madre o con chi si prende cura di lui.

Un bambino ha la necessità di sviluppare una relazione per la riuscita futura del suo sviluppo sociale ed emozionale.

La necessità di formare dei legami è funzionale al bambino nei primi mesi di vita per la sua sopravvivenza ma questi legami-attaccamenti aiutano a comprendere anche il dolore e la sofferenza nella fase adulta in cui si sperimenterà inconsciamente, nel legame affettivo, quel senso di perdita con cui una persona si dovrà confrontare e superare affinchè lasci definitivamente la fase infantile per sperimentarsi nella sua fase adulta.

Lo scopo dell'attaccamento nel bambino è duplice:

- da un lato assolve il bisogno di scegliere una persona per instaurare una relazione intima dalla quale possa nascere e crescere un legame;

- dall'altro, attraverso il legame, il bambino impara come orientarsi nel mondo in base al delicato scambio di segnali tra i due.

Il bambino comunica con modalità proprie i suoi bisogni alla madre che, a sua volta, risponde ad essi.

Le risposte possono essere più o meno coerenti e, quindi, più o meno rassicuranti.

Quanta più congruenza ci sarà tra *bisogni* e *risposte* tanto più il bambino avrà la sensazione che il suo attaccamento sia sicuro e che, di conseguenza, anche "il mondo" sarà un luogo sicuro in cui avventurarsi. Se invece i segnali non sono congruenti e la madre fornisce risposte incerte, non precise o, addirittura, contraddittorie, ecco che l'attaccamento diventa insicuro e il bambino non saprà orientarsi bene nel mondo, si difenderà creandosi particolari schemi mentali che scatteranno in maniera precisa ed identica ogni volta che incontrerà una persona che gli ricorderà esattamente quel tipo di situazione iniziale.

Esistono, sostanzialmente, quattro tipi di attaccamento che forniranno quattro schemi base per la scelta inconscia dei futuri partners:

- **Attaccamento sicuro**: si tratta di un attaccamento che favorisce la fiducia in sé stessi e nel mondo. Corrisponde ad una figura che ha fornito risposte coerenti, che ha dato sicurezza al bambino e che ha permesso di crearsi una serie di criteri di valutazione di come gli altri rispondono alle azioni e ai bisogni. Con l'attaccamento sicuro il bambino è sostenuto quando c'è un'effettiva necessità ma viene lasciato anche libero di sperimentare e di sviluppare le sue potenzialità. La madre fornisce risposte che sono in linea con i bisogni del bambino senza invadere troppo il suo territorio e senza lasciarlo in balia delle sue emozioni angoscianti.

Non avrà paura delle relazioni, sarà in grado di valorizzarsi e di valorizzare l'altro con cui cercherà sempre uno scambio franco e coerente.

- **Attaccamento insicuro**: si tratta di un attaccamento che non riesce a fornire sicurezza e stabilità nel legame. In genere si tratta di rapporti instabili con risposte imprevedibili che a volte arrivano e altre volte no così come possono arrivare in modo del tutto incoerenti rispetto ai bisogni del bambino. Questo tipo di attaccamento è caratterizzato da fattori quali l'incostanza e l'imprevedibilità che creano nel bambino una difficoltà di orientamento e ostacolano la conoscenza di sé. Come conseguenza, il bambino non riesce a prevedere i comportamenti altrui perché le risposte non sono coerenti con i suoi segnali.

In questo caso ci saranno sempre difficoltà: c'è molta rabbia sottostante e il bambino da un lato vorrebbe avventurarsi ma teme di perdere contatto e quindi spesso si allontana con angoscia perché teme di essere ferito o lasciato. Da adulto tenderà ad instaurare relazioni passionali che poi lo faranno sentire in gabbia per cui si dovrà allontanare bruscamente perché non riuscirà a reggere il contatto emotivo. Sostanzialmente, esiste una fortissima dipendenza mai riconosciuta e le relazioni si struttureranno su una base costante di precarietà per via dell'impossibilità di contenere all'interno le proprie emozioni. Il partner non è in grado di rassicurare e, quindi, c'è molta ansia. Non c'è, inoltre, rispetto per la libertà e l'individualità dell'altro. L'attaccamento insicuro ha sempre, come sottofondo, una grande quantità di rabbia disfunzionale diretta verso l'oggetto di cui si ha più bisogno al mondo: la madre prima e il partner dopo.

C'è moltissima ambivalenza e, in effetti, sono sempre presenti sentimenti di odio e di amore contemporaneamente il che impedisce la stabilità e la coerenza del rapporto. Manca una regolazione affettiva per cui si è molto vulnerabili e si ama ad intermittenza, a volte si, a volte no.

Sono individui che hanno bisogno di controllare l'altro di cui non si fidano esattamente come non si fidano di sé stessi e di ciò che provano. Si tratta di persone possessive, controllanti o aggressive.

Le sue varianti sono:

- **Ambivalente**: questa situazione si presenta quando nel tema natale siano presenti forti connotazioni plutoniane in generale, e con Luna o Venere in rapporto disarmonico con questo pianeta nel caso specifico. L'atmosfera che si crea ha una tonalità scura fatta di emozioni intense che possono sfociare in angoscia. Si sperimenta una carica emotiva connotata come di un grande senso di impotenza.

In genere, con Luna Plutone e Venere Plutone c'è molta sofferenza emotiva e affettiva che produce un forte bisogno di intimità ma al tempo stesso anche la paura di affidarsi. In questi casi, prevalgono il controllo e la manipolazione che vengono usate come difesa personale contro il partner che è visto con sospetto o come qualcuno che potrebbe approfittare della propria vulnerabilità.

I sentimenti oscillano tra: amore – odio – gelosia – risentimento.

- **Invischiante**: è la variante Nettuniana. In questi casi l'attaccamento è insicuro in quanto la madre viene sperimentata come ansiosa, fragile e bisognosa. Ci sono spesso veri e propri invischiamenti in cui il bambino sente che, per avere un minimo di sicurezza, deve occuparsi anche delle emozioni e degli stati d'animo della madre. Questa forma di attaccamento genera il bisogno di attirare a sé persone fragili e bisognose in modo da ricreare relazioni in cui la forza dell'uno deriva dalla fragilità e dal bisogno dell'altro.

- **Rifiutante**: è un'altra variante dell'attaccamento insicuro anche se prevede alcune particolarità che indirizzano verso l'archetipo saturniano. Coloro che da bambini, fanno esperienza di una madre *"rifiutante"*, che, cioè, non risponde con prontezza, efficienza e calore alle richieste di aiuto e conforto, elaborano un modello di attaccamento definito, appunto, rifiutante. Non hanno goduto, in alcun modo, delle rassicurazioni affettive che tenderanno a far sviluppare il modello di non essere degni di essere amati e che non bisogna aspettarsi nulla dal partner.

Con i modelli di attaccamento possiamo scoprire il tipo di relazione che, soprattutto nella prima parte della vita, tenderemo a formare proprio sulla base della prima esperienza infantile.

Partendo dalla teoria di Bowlby, gli autori Bartolomew e Horowitz hanno definito quattro stili di attaccamento nell'adulto nelle relazioni di coppia, basati sull'immagine che l'individuo ha di sè e del partner:

- **Stile sicuro:** modello di sé positivo e dell'altro positivo. Gli adulti con un attaccamento sicuro tendono ad avere opinioni positive su se stessi, sui loro partner e sulle loro relazioni. Si sentono a proprio agio con l'intimità e l'indipendenza, bilanciando le due.

- Stile ansioso-preoccupato: modello di sé negativo e dell'altro positivo. Gli adulti ansiosi-preoccupati cercano alti livelli di intimità, approvazione e risposte dal partner, diventando eccessivamente dipendenti. Tendono a essere meno fiduciosi e mostrare alti livelli di emotività, di preoccupazione e di impulsività nelle loro relazioni.

- Stile distanziante-evitante: modello di sé positivo, dell'altro negativo. Gli adulti che ricadono in questa categoria desiderano un alto livello di indipendenza e, spesso, sembrano evitare del tutto l'attaccamento. Si considerano autosufficienti, invulnerabili ai sentimenti di attaccamento e non necessitano di relazioni strette. Tendono a sopprimere i loro sentimenti, affrontando il conflitto prendendo le distanze dai partner di cui spesso hanno una scarsa opinione.

- Stile timoroso-evitante: modello di sé negativo, dell'altro negativo. Gli adulti timoroso-evitanti hanno sentimenti contrastanti sulle relazioni intime. Desiderano la vicinanza emotiva ma, allo stesso tempo, si sentono a disagio proprio da ciò che desiderano di più. Tendono a diffidare del partner e si considerano non degni di attenzione. Come nello stile distanziante, si tende a cercare meno intimità, sopprimendo i propri sentimenti.

Capitolo II

II - Venere: Mito e Archetipi

La conoscenza della mitologia della Grecia classica e dei personaggi dell'Olimpo, ci permette di avere degli spunti di riflessione su noi stessi. Le loro vicende, le loro storie, diventano immagini che abbiamo interiorizzato e che tendiamo a manifestare, il più delle volte, inconsciamente.

Essi rappresentano dei modelli esteriori che, essendo universali, diventano personali. Jung li chiamava *"archetipi interiori"* che diventano dei riferimenti interiori di forza, bellezza, realizzazione personale che guidano il nostro sentire e le nostre azioni. Diventano un modello esteriore da seguire.

Il significato di archetipo è 'immagine', precisamente, abbiamo *'archè'*=originale e *'tipos'*=modello.

Un modello originario appartenente all'inconscio collettivo che si manifesta in quello individuale.

Il legame tra mitologia e astrologia è recente, non fa parte della tradizione astrologica, tuttavia, fornisce la possibilità di allargare la comprensione di certi modelli planetari. Ci può aiutare a comprendere le sottili sfumature e far intravedere un percorso verso un significato più complesso soggiacente al significato che diamo in modo, spesso, limitato. Nel caso di Venere, l'associazione con la bellezza, l'amore, il piacere e la sensualità è fin troppo riduttivo.

Conoscere le sue origini, ci aiuta a comprendere non solo la sua complessità ma anche il suo lato *'oscuro'*, fa emergere la sua amputazione nel corso della storia e scopriremo che non era solo l'emblema della vita ma anche della morte, perché veniva conosciuta come *'pandemia'* e come *'urania'*, perché demoniaca e angelica.

Esistono diversi miti sulla nascita di Afrodite-Venere, ma i più noti sono quelli tramandati da Esiodo e Omero. Esiodo fa risalire la sua nascita dal seme di Urano, dio del cielo, quando i suoi genitali caddero in mare a seguito della castrazione fatta dal figlio Saturno per vendicare Gea, sua madre e sposa di Urano. Il sangue e il seme divennero schiuma e da essa, nacque Afrodite-Venere e non solo.

Con lei, presero vita anche le Erinni, minaccioso e cupo aspetto della triplice Dea, le tre furie e le tre sorelle di Afrodite-Venere.

La Dea era conosciuta anche con i nomi di Melenide (la Nera), Scotia (l'Oscura), Androfone (l'Omicida), Epitimbria (delle tombe), nomi terribili per la dèa della bellezza che la associano agli antichi culti, quelle delle ombre e dell'inconscio.

Non si deve neanche dimenticare che era anche la Dèa della Guerra che certo non si addice alla sua natura di gentilezza e fascino. Anche questa caratteristica venne, nel corso del tempo eliminata o dimenticata per preservare la sua immagine amorevole.

Da Venere deriva forse il latino *'venenum'* che traduceva il greco *'filtron'* (filtro amoroso) ma diventava *veleno* in italiano, inteso come il fascino abilmente messo in opera, secondo la Treccani. Da ricordare che, secondo la mitologia, il veleno della vita è dato proprio dall'amore e dai desideri della carne.

I miti non smentiscono questo aspetto oscuro. Veniva chiamata anche *"colei che si prostituisce"*. E approfondiremo anche questo aspetto.

In merito alla Dèa si narra che avesse una magica cintura che faceva innamorare chiunque. Numerose sono le sue avventure sia con le divinità che con i mortali come con Efesto, Ares, Hermes, Poseidone, Anchise, Adone, l'argonauta Bute. In ogni caso, dopo questi accoppiamenti, come facevano le sue sacerdotesse ad ogni primavera con la "sessualità sacra", Afrodite poteva recuperare la sua purezza bagnandosi nelle acque di Pafo.

Nei prossimi capitoli potremo vedere quali e quante delle modalità che agiamo nella vita e nelle relazioni affettive, siano legate alla storia dei miti classici.

II.I La scissione di Venere.

Nel capitolo precedente abbiamo visto il mito che ci ha riportato l'immagine originaria e integra di Venere che rappresentava
sia un lato luminoso che tenebroso. Questi due aspetti, nel
tempo, verranno scissi.

Va ricordato in proposito che è solo nella cultura occidentale
che le divinità incarnano solo uno dei due principi mentre in o-
riente, i due aspetti della divinità, erano e sono unificati. Basti
pensare a Shiva incarnazione degli aspetti distruttivi e costrut-
tivi.

In questo capitolo verranno affrontati i temi della sessualità e
della sua scissione simbolica affinché si potesse dar vita a un'i-
dentità esclusivamente benevola così come la intendiamo oggi.
Nei capitoli successivi si affronterà, invece, l'aspetto relazionale
ma non prima di aver accennato al lato ombra della Dèa per la
sua capacità di alterare l'ordine delle cose. Non dimentichiamo
che è figlia di Urano, simbolo dell'imprevedibile, dell'imprevi-
sto che cambia improvvisamente tutte le cose, fa nascere un
atto di ribellione e di rottura, spinge alla propria individualiz-
zazione. Afrodite-Venere fa sua questa natura con spirito indipendente, con la forza dell'autenticità nell'esprimere la sua es-

senza incurante di tutto e di tutti. Son questi gli aspetti 'minacciosi' e 'ombrosi' che hanno spinto ripudiare questa sua natura in quanto fortemente in contrasto con l'idea dell'amore che rappresentava perché l'amore era inteso come portatore di vita, eludendo il suo aspetto di morte e di rottura.

Assistiamo nel tempo ad una serie infinita di fraintendimenti del messaggio archetipico di Venere che creò una visione particolarmente negativa, poi censura e infine demonizzata come vedremo successivamente con la Chiesa.

Il patriarcato portò con sé la scissione del femminile in due figure: la madre e la vergine.

Non c'era spazio per la sessualità che poteva essere vissuta solo all'interno del matrimonio, allo scopo di riprodursi.

Afrodite-Venere, invece, incarna proprio il *principio del piacere* fine a sé stesso che veniva negato nella cultura patriarcale.

Il suo messaggio è: <u>amare per il piacere di amare</u>.

Non lo fa per compensare un vuoto affettivo, per metter su famiglia o per fare figli, lei non fa nulla per essere amata perché è lei stessa amore che dona senza condizioni, lei fa dono di sè affinché l'altro possa sperimentare l'amore attraverso di lei e non chiede nulla in cambio.

Lei incarna l'amore prima di tutto per se stessa e poi verso gli altri perché l'amore per lei è gioia con l'altro non dipendenza dall'altro.

Lei sceglie i suoi amanti, non si fa scegliere. La sua gratificazione è legata al suo valore personale ed al fatto di poter scegliere liberamente.

Questa *'autenticità'* dell'essere che le permette di badare a se stessa le permette di non avere nessuna indecisione nell'esprimere tutta la sua seduzione e tutto il suo erotismo, liberamente.

Se le altre divinità femminili e le donne mortali più materne e compassionevoli offrivano ben altro alla componente maschile, lei donava semplicemente ciò che era: amore in tutte le sue sfumature.

Afrodite-Venere ebbe diverse relazione seppur fosse sposata con Efesto ma la sua natura, la sua essenza, potrebbe essere definita con il gergo moderno di 'single'. Non dimentichiamo che il suo elemento è aria con padre uraniano, simbolo per eccellenza per la difficoltà di tessere i legami se non vissuti come contatti e nella discontinuità.

La natura estremamente autentica di essere se stessa, la rendeva pericolosa per le donne e per gli uomini che erano incapaci di esprimere liberamente ciò che lei incarnava.

Ma per quanto Afrodite-Venere venisse collegata al matrimonio e alla procreazione dei figli, lei non fu mai la Dèa dell'unione coniugale rappresentato, invece, da Era, moglie di Zeus-Giove.

Afrodite-Venere rappresenta la forza che spinge un essere irresistibilmente verso un altro essere, una forza chiamata 'amore'.

Come detto, Venere riguarda sia la donna che per l'uomo in quanto ereditano un archetipo che spinge entrambi a cercare il proprio 'ben-essere' nella 'relazione'.

Una donna che non riesce ad esprimere la completezza di Venere rimanendo nel ruolo di madre-sposa ma non di amante, non solo amputa se stessa ma crea un vuoto all'uomo che cercherà l'amante. Vuoi perché la cultura incentiva la donna come madre-sposa, vuoi perché l'uomo ha scisso dentro di sè il ruolo della donna che può essere accettata come madre dei suoi figli e sposa ma non come amante dove l'eros si esprime nella sua essenza più pura e travolgente. Se così non fosse, non esisterebbero oggi i tradimenti, la ricerca della prostituzione. Studi di psicologia della coppia evidenziano come l'uomo, dopo la nascita del primo figlio, vede la propria compagna come madre perdendo le caratteristiche iniziali dell''amante'. Molte terapie di coppia vengono svolte per far recuperare alla donna il suo ruolo di donna e per l'uomo a rivedere in lei l'amante di un tempo, entrambi, alla ricerca dell'eros perduto.

Venere non è una simbologia che solo la donna deve recuperare ma anche l'uomo deve andare alla ricerca di Venere in se stesso, unificando tutti i modelli femminili che ha ereditato culturalmente per ricomporre dentro di sé il modello della Donna completa in una sola Donna, così come la Donna deve recuperare la sua completezza interiore di femminilità autentica, libera, capace di scegliere di donare solo amore.

Un amore che guarisce se stessa e l'uomo che ha al suo fianco.

In passato, ci fu anche la distinzione di Venere con il nome di 'Lucifero', intesa come stella del mattino, e 'Vespero', come stella della sera.

La morale delle religioni patriarcali usò questa strumentale distinzione creando una divisione e avversione verso la figura mitica e archetipica di Afrodite-Venere, in origine solo una sublime incarnazione femminile, ma soprattutto snaturando il primitivo naturale concetto di 'amore'.

L'Amore che la Dèa offriva, alle donne quanto agli uomini, era un modo per offrire all'umanità la possibilità di conoscere il divino, di avvicinarsi a Dio tramite i propri sensi, il proprio corpo, vivendo l'amore come dono per sé e per gli altri.

Dal Medio Evo si giunse a distruggere le antiche statue pagane della Dèa che veniva chiamata *"Venere Dimonia"*, ossia, era ritenuta una divinità volgare, adescatrice, corruttrice nonchè demone perverso e lussurioso, aspetti che non avevano nulla a che vedere con l'amore nei termini religiosi e patriarcali.

Una serie infinita di fraintendimenti del messaggio archetipico di Venere portò una sua visione negativa e oscura della divinità il cui unico messaggio era quello di raggiungere la dimensione divina dell'essere unendo quelli che noi oggi definiremo aspetti 'sacri' e 'profani' della sessualità.

Ricordiamo, invece, che in oriente esiste la via tantrica finalizzata all'unione mistica della sacralità con la carnalità.

Afrodite-Venere, come incarnazione della sessualità e della sensualità femminile, non ha solo un'espressione luminosa per come la intendiamo oggi ma ha anche una natura oscura relegata nella nostra parte d'ombra, il nostro inconscio in virtù della scissione e delle censure storiche che ha subito la divinità.

C. G. Jung direbbe che tutto ciò che noi rifiutiamo alla fine emerge con più potenza in forme diverse. Ogni censura che ci facciamo sulla completezza del a simbologia della Deà, ci priva di una parte di noi stessi che tenderà ad esprimersi per altre vie per raggiungere: il benessere, l'autenticità, la libertà, l'amore, il piacere attuando quella risorsa chiamata "capacità di scelta" che spesso viene esercitata come 'non-scelta', ossia: scegliamo di non scegliere perché scegliere Venere, la figlia di Urano, il rivoluzionario, significherebbe alterare tutti gli equilibri interiori e di relazione, significherebbe mandare all'aria un matrimonio, creare un danno ai propri figli, darsi una reputazione non convenzionale, impersonificare un femminile diverso, creare un maschio che sia un uomo che non lotta contro la donna ma si mette alla pari con la donna al suo fianco.

Gli antichi nomi di Afrodite-Venere di *"Oscura"*, *"La Nera"*, l'*"Omicida"*, la dèa *"delle Tombe"*, hanno un suo perché.

La cultura patriarcale e l'influsso della religione cristiana, come abbiamo visto, hanno influito enormemente nella rimozione, nonché condanna, dell'aspetto non solo seduttivo ed erotico ma anche quello più tenebroso e mortale.

Jung, nei suoi studi degli archetipi, evidenzia i danni che subisce la psiche dell'uomo per tali rimozioni lungo il cammino del processo di individuazione in cui ogni individuo è chiamato ad integrare le parti perdute di sè. Per quanto riguarda la simbologia repressa di Afrodite-Venere considerata moralmente riprovevole, ha finito per creare una scissione tra il "sacro" e il "profano" oltre che a numerosi fraintendimenti sulla complessità della figura della divinità.

Nell'antico mondo pagano la Dea era "venerata" per quell'aspetto del divino finalmente reso accessibile attraverso l'amore che rende la vita piacevole, bella e amabile in ogni direzione perché l'amore di Afrodite-Venere è il dono che si fa dell'amore perché si è amore. Lo si vive senza aspettarsi nulla in cambio, senza egoismi, senza attaccamenti, senza dipendenze, si vive con desiderio di imparare, di conoscere, di valorizzarsi in un rapporto paritetico dove il "noi" non è fusione ma è la somma di due identità distinte che si "scelgono" e che sono l'uno davanti all'altra alla pari.

II.II Pandemia e Urania.

Nel tempo, l'identità della Dèa, venne distinta in tre ambiti.

Venne chiamata *Venere Pandemo* per identificare l'amore volgare , *Venere Urania* per rappresentare l'amore celeste e *Venere Pontia* nelle vesti di patrona della navigazione e dei naviganti in virtù della sua nascita dalla schiuma del mare.

Di particolare interesse sono le prime due identificazioni in quanto ci riconduce a due forme di amore della divinità che evidenziano, ancora una volta, la scissione e l'amputazione del suo significato nel corso del tempo. Divisione ritenuta necessaria in virtù del dualismo di due forme d'amore incompatibili che non potevano coesistere insieme. Ci troviamo in un periodo storico in cui si sta ancora rimarcando la divisione e la supremazia del patriarcato sul matriarcato, delle divinità solari sulle divinità lunari, in cui si doveva scindere ogni tipo di rappresentazione.

Via via si perdono i significati di Nyx, la Madre della Notte, che unisce, invece, un femminile completo nella sua contraddittorietà, con i suoi lati di ombra (la notte) e i lati luminosi (le stelle).

La cultura del tempo storico contribuisce alla rimozione degli aspetti più oscuri della divinità dando origine alla separazione di un'unità originaria creando nuovi aspetti della divinità, dandole nuove personificazioni.

Determinati elementi vengono estratti e rilegati altrove. Oggi, diremmo, relegati nell'inconscio e nell'ombra.

Lo stesso Platone sente il dovere di distinguere due diversi aspetti di Afrodite-Venere: una *natura angelica* e una *natura demoniaca*.

E così, nel Simposio, espone un ampio discorso sulla duplice natura della Dèa: una nata da Urano (Dìo del Cielo) chiamata *Venere Urania* che rappresenta l'*Amore puro* e spirituale, ideale della Bellezza uraniana e dell'Amore platonico che nasce dalla contemplazione del divino. Veniva raffigurata completamente nuda in quanto la nudità è simbolo di purezza spirituale nonchè l'istinto naturale di generazione e di fecondazione della creazione.

Platone chiama invece *Venere Pademon,* ossia del popolo, l'*Amore profano*, quello umano, volgare, carnale, sensuale, mercificato e prostituito che si mantiene ai livelli più bassi dell'attrazione erotica dove la Dèa viene rappresentata parzialmente vestita e velata ma non nuda.

Ci ritroviamo una divinità che esprime due forme d'amore: quello umano e quello cosmico, quello terrestre e quello celeste, quello dell' *"amore carnale"* e dell' *"amore puro"*.

Assistiamo al passaggio di un' Afrodite-Venere che aveva un potere, una forza dirompente che nasceva dalla sua unità e integrazione personale e con la stessa natura che la rendeva i-stintiva, a un tipo di divinità che incominciava ad incarnare solo una parte della sua simbologia. Non diventa un'unica espressione di sacro e di profano ma unicamente di un amore puro non contaminato dall'indole carnale e volgare che successivamente fu dato a Lilith.

Venere fu spogliata completamente di alcuni attributi, quasi si volesse far recuperare un'innocenza perduta, un'antica verginità dell'Amore che non ha ombre e lati oscuri e, soprattutto, che non minacciasse il patriarcato intento a demonizzare il femminile completo che racchiude in sé tutta la forza e tutto il potere della creazione e della distruzione.

Nell'odierno immaginario femminile quanto in quello maschile, vive un'Afrodite-Venere a metà e che per recuperare la sua completezza occorre percorrere il sentiero delle ombre, lì dove vive Nyx, la Madre della Notte, il principio originario del femminile che ha raccolto in sé le parti ripudiate e non consone alla Dèa dell'Amore.

II.III - Lucifero e Vespero.

Per i nostri antenati, Venere rappresentò per un lungo periodo, un aspetto ambiguo e alquanto controverso, nonché enigmatico.

Si credeva, infatti, che la luce di Venere provenisse non da un pianeta ma da due pianeti diversi. Per questo motivo erano indicati con due nomi: Vespero, quella serale, e Lucifero, quella mattutina.

Fu successivamente Pitagora a scoprire che, in realtà, si trattava dello stesso pianeta e che era visibile in due posizioni diverse in virtù del fatto se appariva prima o dopo il percorso del Sole.

Ricevettero il nome di *Phosphoros* e di *Hesperus*.

Nel mondo romano *Phosphoros* venne tradotto con Lucifero, inteso come "Portatore di Luce", ed *Hesperus* tradotto in Vespero per indicarne la fase serale. Successivamente il cristianesimo personificò il demonio nel nome di Lucifero.

L'apparire di notte e lo scomparire di giorno di Venere contribuì a darle il nome di stella complice dell'amore e degli amanti.

Anticamente, quindi, Venere veniva studiata dagli astrologi a seconda che si presentasse come stella mattutina, dandole una connotazione maschile, o stella serale dandole una connotazione femminile.

Queste due posizioni di Venere esprimono due modi differenti attraverso i quali il pianeta anima la nostra vita emotiva.

Venere, infatti, domina la metà femminile della psiche umana, indicando le qualità femminili, non solo per le donne ma anche per gli uomini.

Per individuare se in un tema natale il pianeta si presenta come simbolo di Lucifero o di Vespero basta osservare la sua posizione, se prima o dopo il Sole.

Se il segno di Venere viene prima del segno in cui si è nati sarà mattutina, quindi Luciferina, in caso contrario, sarà serale, quindi Vesperina.

Una *Venere Lucifero* indica un tipo di emotività che "corre davanti al Sole", ossia, le emozioni vengono prima dell'azione. Venere Lucifero indica spesso un senso d'insicurezza che porta a considerare i sentimenti come "guide" e "segnali". Essi funzionano come meccanismi di attrazione o repulsione istintiva che orientano l'azione e il comportamento.

Le caratteristiche di *Venere Espero* l'azione precede l'emozione, ossia l'emozione nasce da un atto compiuto. La mente razionale riesce a contenere l'impulso emozionale.

E' un'indicazione di saggezza emotiva o maturità, proprio come l'insicurezza di Venere Lucifero può essere riferita alla fase ado-

lescenziale.

II.IV - La sessualità sacra

La Treccani riporta quanto segue: *"In etnologia e nella storia delle religioni, la prostituzione sacra [...] si compiva occasionalmente durante la cerimonia o la cui pratica era stabilmente affidata a sacerdotesse, secondo concezioni cosmologiche che attribuivano all'atto sessuale un valore propiziatorio legato al culto della fertilità."*

Il motivo principale che diede origine e continuità nel tempo alla pratica della 'sessualità sacra' era, dunque, il tentativo di utilizzare l'energia vitale e di liberare le forze del sesso nonchè del suo potere fecondante. Essa era mediatrice tra il divino e l'umano.

Nel tempio, il sacerdote si univa carnalmente alla sacerdotessa, celebrando con la loro unione un rito a onorare la Dea dell'Amore affinché potesse favorire la fertilità delle donne appartenenti alla comunità e garantire la prosperità all'intera società.

Gli studiosi hanno evidenziato come la pratica fosse di uso comune nell'antichità. Sumeri, Armeni, Babilonesi, Ciprioti, Fenici, Lidi, Egizi, Greci ed Etruschi avevano rituali che includevano prostitute sacre che erano sia donne libere che 'schiave', ossia serve, a *servizio*. Le divinità a cui si rivolgeva il rito sacro erano

Inanna, Isthar, Anhait, Astarte e Afrodite-Venere, tutte Dèe che condividevano la stessa caratteristica dell'Amore ma conosciute con nomi diversi.

Spesso i riti di *'accoppiamento sacro'* venivano celebrati dietro versamento di una piccola somma di denaro che serviva al mantenimento del tempio.

Erano presenti tre forme di 'sessualità sacra' perché diverse erano le sue funzioni.

C'era l'**Ierogamia**, cioè di matrimonio o unione sacra, in occasione di un'unione rituale o mitica tra un dio e una dea o tra un dio e un umano.

C'era la **Ierodulìa** (servitù sacra) come servizio sessuale effettuato da serve sacre consacrate alla divinità. Le parole 'serva' o 'schiava' hanno come significato con cui si intende di essere 'proprietà' della divinità e non dell'uomo. Infatti, compito delle ierodule era anche quello di effettuare e accompagnare i riti con la musica e le danze in onore della divinità.

Infine, la funzione **apotropaica** aveva lo scopo di favorire la futura vita matrimoniale e veniva praticata prima delle nozze della donna. Con questo atto, la futura sposa consacrava la sua verginità alla Dèa concedendosi nel tempio con un estraneo per ottenere i favori nella futura felicità matrimoniale.

La rievocazione simbolica di una ierogamia, l'unione sacra che si realizzava tra l'umanità e la divinità, era il rito di fertilità che aveva come protagoniste le donne di ogni estrazione sociale: dalla fanciulle vergini di buona famiglia alle sacerdotesse del tempio.

Una testimonianza di Erodoto (Storie, I, 199) sui Babilonesi è particolarmente significativa:

"É obbligo che ogni donna del paese, una volta durante la vita, postasi nel recinto sacro ad Afrodite, si unisca con uno straniero. Molte che disegnano di andare mescolate alle altre, in quanto orgogliose della loro ricchezza, si fanno condurre al tempio da una pariglia su un carro coperto, e la se ne stanno, avendo dietro di sé numerosa servitù. Per lo più il rito si svolge così: se ne stanno le donne sedute nel sacro recinto di Afrodite con una corona di corda intorno al capo: sono in gran numero, perché mentre alcune sopraggiungono altre se ne vanno. Tra le donne si aprono dei passaggi, delimitati da corde e rivolti in tutte le direzioni, per i quali si aggirano i forestieri e fanno la loro scelta. Quando una donna si asside in quel posto, non torna più a casa se prima qualche straniero, dopo averle gettato del denaro sulle ginocchia, non si sia a lei congiunto all'interno del tempio. Nell'atto di gettare il denaro, egli deve pronunciare questa frase: 'Invoco per te la dea Militta'. Militta è il nome che gli Assiri danno ad Afrodite. La quantità di denaro è quella che

è. Non c'è da temere, infatti, che la donna lo rifiuti: non le è permesso, perché quel denaro diventa sacro. Essa segue il primo che glielo getta e non rifiuta nessuno. Dopo essersi data a quello, fatto un sacrificio espiatorio alla dea, se ne torna a casa, e da quel momento non potrai offrire mai tanto da poterla avere. Le donne che sono dotate di un bel viso e d'una figura slanciata se ne tornano presto. Quelle, invece, che sono brutte rimangono lungo tempo senza poter soddisfare la prescrizione di legge; alcune infatti, aspettano anche tre o quattro anni."

Le donne che "prestavano servizio" nei templi avevano una buona considerazione e reputazione in virtù della loro funzione sacra. Le fonti antiche ci tramandano la conoscenza che sposare una 'prostituta' era considerato un fattore di prestigio non solo per il loro ruolo sacro ma anche perché erano donne molto ricche.

Ma perché anticamente il 'sesso' era così importante? Perchè Afrodite-Venere aveva un ruolo così significativo nella vita di ogni donna e di ogni uomo? E, oggi, quale ricordo ancestrale conserviamo di quei tempi? Quali lati oscuri nascondiamo con la nostra Venere di nascita? Quali richiami sensuali ed erotici reprimiamo della nostra divinità interiore che ci porta a vivere in modo scisso l'erotismo e l'affettività?

La storia ci racconta che anticamente il sesso era considerato una vera e propria liturgia che permetteva, sia all'uomo che alla donna, di trascendere se stessi per entrare nella dimensione spirituale, una via che diventava un rito di passaggio che aveva come meta la propria trasformazione interiore.

Nancy Qualls-Corbett nel libro "The Sacred Prostitute" riporta che:

"L'atto sessuale tra un uomo e la sacerdotessa era il mezzo per ricevere la gnosi, per fare esperienza del divino [...]. Il corpo della sacerdotessa diventava, in modo impensabile per il mondo occidentale contemporaneo, letteralmente e metaforicamente una via per entrare in rapporto con gli dei [...]. Per i pagani, infatti, le donne erano naturalmente in contatto con il divino, mentre l'uomo, da solo, non poteva raggiungere questo obiettivo".

La **ierodula**, la serva-amante, veniva chiamata la *"Grande Prostituta"* ma anche *"Vergine Santa"* in quanto depositaria dell'oscuro segreto femminile relativo alla gnosi magica del divino. Lei era l'incarnazione terrena della Dèa e da essa benedetta.

La **ierodula** aveva il 'dovere' di condividere i doni della Dea con l'umanità, di far guarire non solo l'anima ma anche il corpo.

Il fatto che venissero chiamate anche le *"Vergini Sante"* si intendevano due significati che non sono quelli attuali in quanto:

- come *vergine*, non si riferiva alla verginità fisica ma quanto al fatto di non essere vincolate da legami matrimoniali, erano donne libere;

- come *sante* in quanto avevano una funzione sacerdotale, basata sulla sessualità, in quanto rappresentavano in terra la divinità celeste.

Alle donne consacrate al sacerdozio, poteva nascere un figlio quale frutto del matrimonio celeste. In tal caso, veniva considerato come colui che era *"nato da una vergine"*.

La **ierodula** eseguiva il *coitus reservatus*, un intenso e prolungato orgasmo senza emissione di fluido seminale. Tale pratica aveva lo scopo di portare l'uomo all'*"horasis"*, ossia all'illuminazione spirituale, ad una consapevolezza raggiunta attraverso la potente forza con cui si entrava in contatto facendo l'esperienza erotica del Femminile Sacro.

L'unione dei corpi garantiva due scopi:

- l'evocazione della divinità nella sua manifestazione fisica;

- strumento per consentire all'uomo di entrare in contatto con il Sacro portato e gestito dalla 'serva' della Dèa.

In precedenza, è stata vista la distinzione tra Venere Urania e Venere Pandemia che Sant'Agostino definiva in *'De civitate Dei'* la prima come la dea dell'amore nobile e la seconda, la dea dell'amore volgare. Mentre alla prima venivano offerti i doni e i corpi delle moglie sposate, la seconda veniva identificata con le donne che si prostituivano per raccogliere la dote in vista del matrimonio.

Abbiamo, quindi, una visione della sessualità, dell'erotismo, del piacere della Dèa Afrodite-Venere come una pratica di culto dell'intera società. Era così importante che le famiglie di elevato status sociale, erano le prime a concedere le proprie figlie affinché potessero divenire lo strumento di manifestazione della Dèa, servendola, concedendosi agli uomini.

Con l'avvento delle religioni monoteiste e della visione patriarcale della vita in cui il sesso serviva solo per procreare, il servizio della donna, la sessualità perse la sua sacralità. Venne identificata, invece, come sfruttamento del corpo della donna sotto il dominio maschile e identificata come 'prostituzione' per come viene intesa oggi. Ma l'inconscio collettivo e l'ombra che ogni individuo porta con sé, conserva questo ricordo ancestrale, è custode di un antico rito. Ogni uomo, ogni donna conserva questa natura antica della Dèa dell'Amore sepolta dalle censure, dai tabù, dai moralismi, dai dettami religiosi. Una scissione che porta a cercare la completezza perduta della dimensione erotica rappresentata da Afrodite-Venere in quanto la Luna, nell'uomo e nella donna, esercita un influsso che respinge la 'promiscuità' o nell'identificare nello stesso partner le due nature dell'Amore: quella sacra e quella profana.

Capitolo III

III – La funzione di Venere

Venere è abbinata, nella tipologia di Jung, alla funzione *"pensiero-razionale"* che rappresenta l'elemento aria, l'intelletto. E' la capacità di comunicare, non permette di rispondere in modo istintivo o immediato o emotivo, bensì richiede ragionamento.

Il suo giudizio non è condizionato né dalla ragione dei sentimenti, né dalle proprie emozioni. Questa caratteristica venusiana permette guardare al rapporto con distacco.

E' ben diversa dalla funzione *"sentimento-razionale"* della Luna vista in precedenza.

Venere ci parla della funzione di unire e di mettere in relazione.

Incontrare Venere significa incontrare il *"piacere"* e il *"desiderio"*. Stati d'animo che producono un benessere, prima di tutto, con se stessi.

Sigmund Freud ci ricorda che lo scopo della gratificazione immediata è di evitare il dispiacere e di procurarci piacere, diminuendo il primo e aumentando il secondo. Il *principio del piacere* verrà successivamente sostituito dal *principio di realtà* che ha lo scopo di rinviare la gratificazione.

Già nella fase infantile, il bambino è predisposto alla ricerca della gratificazione, ha desideri che lo spingono a cercare oggetti-persone che siano in grado di alleviare la sua tensione e dolore. Da questa dinamica iniziale si pongono le basi di ciò che si considera "erotico" e che da adulti verrà cercato per sentirsi gratificati e per trovarsi in uno stato di benessere.

Venere è anche desiderio che esiste nell'attesa della futura gratificazione secondo il principio di realtà stipulato da Freud.

La gratificazione del piacere e del desiderio sono di base affinchè si realizzi uno stato di benessere.

Il benessere di Venere è lo star bene con se stessi perchè si è in linea con la propria essenza interiore e i propri valori personali, in poche parole, si è in armonia interiore.

Per conseguire questo stato di armonia bisogna vivere la propria *"verità personale"* e, qui, ritroviamo ancora una volta Venere che cercherà di portare fuori ciò che ha dentro creando, appunto, una relazione armoniosa tra il dentro e il fuori: tra ciò che siamo e tra ciò che facciamo. Tutto va in una direzione ma se i due aspetti non convergono, si produce uno stato di "disarmonia".

Questi passaggi presuppongono valore di sé, auto-stima, accettazione di se stessi.

L'archetipo ci parla anche del superamento del bisogno di stare con qualcuno e stare da soli per portarci alla riflessione verso un modello relazionale su base paritetica, di scambio, di comunicazione, di condivisione, di conoscenza di se stessi attraverso l'altro.

Venere è relazione di scambio, è un riconoscimento dell'altro lì dove per la Luna vi era simbiosi e fusione che produce una perdita dell'identità personale lì dove, invece, Venere cerca di manifestarla nella sua completezza.

Venere partirà da una situazione di separazione per unire attraverso lo scambio mantenendo la propria individualità lì dove la Luna tenderà a fondersi creando legami per soddisfare il suo stato di bisogno e di sostegno.

La relazione di *appoggio* e di *bisogno* lunare, diventa con Venere una relazione di *scambio* e di *riconoscimento* dell'altro cercando, nelle reciproche diversità, un punto di contatto e di condivisione.

Le antiche culture sapevano che l'amore è in ultima analisi desiderio di **conoscenza**.

Tuttavia, nell'età moderna, si è perduta questa consapevolezza e non è un caso se intorno alla parola amore ci siano i più grandi malintesi sul suo significato.

Un tempo si sapeva che la conoscenza di se stessi avveniva attraverso l'incontro con l'altro. L'insidia era rappresentata dal non riconoscere come propri alcuni contenuti ombra, proiettarli sull'altro e non ritirare la proiezione, ovvero non andare oltre lo specchio.

Il simbolo stesso di Venere è uno specchio: un cerchio (lo spirito) con una croce sotto (la materia).

Il messaggio dello specchio è uno: *conosci te stesso*.

E gli specchi di noi stessi sono i nostri partners, gli amici, i figli, i genitori, tutti quelli che ci circondano perché li abbiamo *"scelti"* noi, consciamente o inconsciamente, e rispecchiano i nostri valori personali.

Uno specchio ci riporta a noi stessi e non mentisce, riflette la nostra immagine affinché si possa vedere qualcosa di noi che da soli non siamo in grado di vedere ma che l'altro ci evidenzia.

Ecco, dunque, perché anticamente lo specchio era uno strumento di conoscenza.

Fin dalla nascita abbiamo un unico specchio: la madre, il primo volto riflettente della nostra vita.

Rispecchiandoci in lei, comprendiamo se siamo amati, valorizzati, voluti, belli, brutti, accettabili o insopportabili.

Se il viso della madre ci accoglie, avremo la sensazione che valiamo qualcosa, che abbiamo un valore, viceversa il contrario che produrrà una caduta dell'auto-stima e sentiremo di valere ben poco. Per lei e per il mondo.

Venere ci svela i nostri valori più interni, ci parla del valore che attribuiamo a noi stessi e, di conseguenza, di quello che daremo agli altri nonché alla stessa vita. Ma, soprattutto, ci parlerà delle *"scelte"* che faremo per soddisfare il nostro *"benessere"*. Possiamo quindi dire che:

- Se ci <u>valorizzeremo</u>, sarà facile percorrere il sentiero che ci condurrà ad amare e a relazionarci con il partner. Lo faremo con rispetto, curiosità e scambio reciproco. In assenza di tutto questo, il percorso inevitabilmente diventerà tortuoso e pieno di ostacoli. Valorizzarsi significa rifiutare situazioni, persone che ci svalutano.

- Se <u>sceglieremo</u> di essere e di fare ciò che è bene per noi, rispecchieremo la nostra autenticità più vera, nutrendo noi stessi ma anche il mondo intero perché porteremo la nostra armonia all'esterno.

Venere, abbiamo detto, viene rappresentata con uno specchio in mano. Lei si specchia e, guardandosi, si piace, indipendentemente dal giudizio degli altri. Non interessa la loro opinione, le interessa vedersi bella per ciò che è. Non si sente bella perché gli altri dicono che è bella, ma lo è a prescindere.

Per questo il suo significato, il suo comportamento si scontra con la morale collettiva.

Venere non è legata alla morale sociale né tanto meno a quella religiosa perché la sua morale è legata ed è in relazione esclusivamente con il suo valore personale. L'opinione altrui non conta, conta il suo benessere e, questo, viene visto dalla cultura come amorale ed espressione egoica.

Ancor di più quando si entra nell'argomento della sessualità, argomento pudico e avvolto dai tabù. Tuttavia rimane l'aspetto fondamentale nel rapporto di coppia, del suo funzionamento o meno, che sancisce fedeltà o tradimento quanto violenza e soprusi.

L'unione dei corpi è un richiamo ancestrale che nasce con il primo mito di Nyx, la Madre della Notte, continuato con la Dèa trifasica lunare e mantenuto con Venere nel tempo ma che nel tempo ha perso questa sua caratteristica sublimandola nell'amore romantico reprimendo l'aspetto carnale non consona né alla Dèa lunare quanto alla natura venusiana. Qui, si dovrebbe aprire un discorso sul passaggio dal matriarcato al patriarcato, con l'avvento del monoteismo che ha operato tutta una revisione dei miti e del femminile. Una scissione che la donna e l'uomo di oggi pagano ancora. La prima perché ha visto perdere la sua integrità, il secondo perché convive con un'immagine del femminile distorta e non corrispondente alla realtà se non alla cultura e alla morale del tempo.

Il tempo antico ci rimanda, invece, un altro tipo di visione.

L'amore per la varietà che contraddistingue Venere è simbolicamente presente in tutto il suo racconto mitico.

La Dèa non è un'amante fedele, coltiva una diversità di amori, sia con le divinità che con gli umani.

Lei, immagine della grazia femminile e dell'armonia delle forme, sposa lo storpio Efesto, lo tradisce con Marte-Ares, l'impulsivo dìo della guerra, tra i suoi moltissimi amanti troviamo anche un nano, Pigmalione. La bellezza e l'amore si associano nel *mito alla poligamia*, ossia alla pluralità che deriva dalla rottura dell'Uno che Venere cerca di ricomporre recuperando frammento dopo frammento per ricomporlo dentro di sè. Lo fa attraverso lo specchio dei suoi amanti, cerca di scoprire se stessa riflessa in ciò che ama affinché possa amare ancora di più se stessa, gli altri e la vita in generale. Il suo agire in questa direzione è chiara e sincera, tutto ciò che fa, lo fa sempre alla luce del sole e non si nasconde per il semplice motivo che non teme il giudizio altrui.

Per questo anticamente l'amore aveva significato di *"conoscenza"*.

Qual'è la finalità della Dèa?

E' condurci nell'esplorare il rapporto con noi stessi e la nostra interiorità, unici mezzi per darci valore e autostima che non dipendono dall'altro ma da noi stessi.

Qual'è il significato di bellezza per lei?

La bellezza è legata nell'essere veri, autentici, essere pienamente se stessi e completi ed è una bellezza interiore e non esteriore.

Qual'è il simbolo del suo specchio come glifo?

E' simbolo di verità che abbatte ogni inganno e ogni tipo di idealizzazioni quanto illusioni. La sua funzione ha come compito di farci riflettere su quanto sia importante il rispetto e la conoscenza di noi stessi. Solo così l'esperienza che attireremo dall'esterno potrà aiutarci a comprendere il nostro potenziale, i nostri valori così come i nostri limiti e fragilità su cui lavorare.

Insieme alla Luna, Venere ci indica il modo in cui poterci relazionare con l'altro, accogliendolo nella sua interezza perchè abbiamo lavorato sulla nostra.

La "scelta" operata da Venere precede la volontà e l'azione di Marte nel dare una forma e una direzione all'energia venusiana portandoci lì dove il Sole vuole andare per realizzare se stesso, per dare senso alle proprie scelte e compiere quello che Jung definiva l'individuazione del Sè.

Da qui si comprende l'importanza di saper conoscere e di saper individuare "cosa" la nostra Venere sta cercando, cosa le piace e cosa desidera. Comprenderlo, significa non esporci alla delusione e alla sofferenza di un risultato che, anche se voluto a livello cosciente dall'Io, diventerebbe ingannevole, illusorio e deludente nel momento della sua conquista, diventerebbe vuoto e privo di significato, in quanto contrario o non in linea con i disegni del Sè solo per il semplice motivo di non aver compreso cosa rappresenta la nostra Venere nel proprio cielo di nascita e nella sua simbologia antica.

Imparare a conoscere e ad attivare la propria Venere, dovrebbe essere un compito primario per ogni donna ed per ogni uomo per poter arrivare alla conoscenza di sè, partendo dall'adolescenza per arrivare alla maturità fino al declino della vecchiaia.

E' un viaggio che permette di trasformare quella zona interiore che è ancora nella nostra ombra perchè ancora prigioniera dai vincoli di attaccamenti e dai bisogni lunari portando Venere nel suo percorso di evoluzione attraverso i tre stadi di maturazione affettiva.

E' Venere che promuove l'Amore Universale, lei è figlia di Urano, pianeta che emana questa visione di una fratellanza universale. E' lei che fornisce gli ideali da perseguire e le priorità da individuare, secondo quelli che sono i reali valori. E' sempre Venere che ci fa incontrare con le nostre reciproche manchevolezze che dobbiamo perdonarci a vicenda. Ci aiuta a comprendere l'importanza del reale contatto con l'altro e non solo con l'immagine illusoria ed idealizzata dell'altro creato dalla nostra mente.

Con Venere si potrà incominciare a sperimentare l'amore solo dopo che abbiamo esaurito i bisogni fondamentali, ossia quello dell'attaccamento e quello di riconoscimento.

Ma la sua ricerca non consiste solo nell'amore, ma ciò che l'amore può portare, ossia, la scoperta di sè passando attraverso la diversità e lo scambio con l'altro perché noi possiamo conoscerci solo attraverso le persone che sono al nostro fianco che ci rimandono spunti di riflessione sulla nostra identità.

Venere ha il suo domicilio in segno di Aria e l'Aria rappresenta la ricerca di una modalità di comunicazione senza perdersi e senza fondersi, ma cercando di scoprire parti di sè che dall'altro vengono riflesse. L'amore venusiano è unione a condizione di preservare l'integrità di entrambi. Tutto questo è possibile solo se c'è separazione emotiva e se c'è libertà reciproca, nonché presa di coscienza di sé come individui separati e non uniti.

Con Venere due individui hanno la possibilità di avvicinarsi, di conoscersi, di confrontarsi e di scoprirsi nelle reciproche diversità e accettarsi incondizionatamente.

Se la Luna tende a creare dipendenze emotive, Venere tende ad eliminarle.

Ma una Venere lesa spingerà un individuo alla ricerca della sicurezza affettiva, sicurezza che spingerà verso la dipendenza per il proprio riconoscimento e valore personale e, invece di presentarsi come individuo integro, cercherà questa integrità attraverso l'esterno, attraverso l'altro, in virtù del gioco di specchi creato da Venere e dalla VII^ casa, luogo che ci parla dell'archetipo che c'è nel nostro inconscio, ossia ciò che vogliamo e cerchiamo attraverso la relazione per completarci.

Una Venere ben messa ci parlerà sempre di un valore personale e di un'autostima funzionale, garanzie per viversi l'altro principio venusiano: la capacità di scegliere indipendentemente da tutto e da tutti.

Una capacità basata sulla chiarezza dei propri valori, dei desideri, sulla visione interiore di ciò che procura benessere, conoscenza per poter stare bene con se stessi esprimendo la propria individualità e verità personale nel confronto con l'altro, con il mondo.

Di contro, Venere sa essere anche superficiale e trasformarsi nella maschera che indossiamo per celare le nostre vere emozioni. Può trasformarsi anche in gelosia, invidia, infedeltà, manipolazione, inganno e vendetta.

Venere sa essere anche eccessiva quanto carente oltre che superficiale. Allora si avranno tutta una serie di atteggiamenti, di comportamenti che non onoreranno le vere finalità della Dèa.

Non solo saremo ancora nella sfera lunare ma ci troveremo ancora allo stadio iniziale dell'evoluzione simbolica del pianeta.

Entrare in relazione per Venere è una *"scelta"* diversamente dalla Luna che è un *"bisogno".*

Separazione e ricongiungimento, lasciarsi per poi ritrovarsi sono qualità essenziali di cui Venere risulta essere portatrice nel suo viaggio che ha come meta la conoscenza di se stessa.

Gli stadi evolutivi di Venere, permettono di comprendere questa evoluzione interiore dei diversi passaggi che ognuno di noi è chiamato a sperimentare affinché possa vivere con verità, autenticità, valore e benessere personale.

L'amore è *conoscenza*. La sessualità è *conoscenza*.

III.I – Stadi evolutivi

Venere ha tre sedi che rappresentano tre stadi evolutivi differenti, vediamoli.

Primo stadio – Toro – casa II

Le future capacità affettive, di relazione, nascono da questi primi e fondamentali approcci in seconda casa nell'età infantile in cui ci costruiamo il senso del nostro valore. Lo facciamo attraverso l'immagine che ci costruiamo di noi stessi che deriva dalla risposta che riceviamo dall'esterno. Capiremo, così, se siamo amati oppure rifiutati. Queste risposte esterne determineranno la nostra sensazione di essere adeguati o no nella relazione oltre a darci la sensazione di poterci integrare con l'ambiente nel momento in cui saremo adulti.

Spesso, per venire accettati, quindi amati dalle figure genitoriali, assumiamo valori, atteggiamenti non nostri, affinchè si possano avere risposte affermative. Sapere che siamo stati amati, accettati e, soprattutto, riconosciuti ci darà la capacità di affrontare con fiducia non solo le relazioni ma anche la vita. Viceversa il contrario. Tutto dipenderà dagli aspetti planetari che riceverà Venere nel nostro tema natale.

Emozioni, affetti e sensazioni dovranno entrare in modo tranquillo nella coscienza affinchè ci sia un sano sviluppo individuale ma spesso lasciano profonde ferite che si riaffacceranno quando saremo persone adulte. Il nostro partner, magicamente, riattiverà queste ferite del passato e la relazione sarà la nostra medicina di guarigione.

Nel primo stadio evolutivo di Venere, l'affettività ha origine dal contatto con la madre.

E' la fase in cui si impara ciò che dà *piacere* e ciò che da *dispiacere*.

E' lo sguardo, il modo di toccare fisicamente il bambino, le sue cure, il suo calore e il piacere della madre che rimanderà un senso accettazione, donandoci la sensazione di essere *"meritevole di amore"* e di possedere un valore personale e che siamo importanti. Sarà da esso che scaturirà il nostro senso di autostima, indispensabile per affrontare qualsiasi relazione paritaria e la vita, in generale.

In questa prima fase c'è, però, una totale simbiosi e dipendenza dall'oggetto d'amore e non c'è una vera unione nè tanto meno scambio paritario: il bambino fruisce, è avido di affetto e vuole riceverlo incondizionatamente.

In questa parte della vita, l'amore serve a soddisfare ogni bisogno del bambino, ma la madre non è ancora concepita come separata e autonoma.

E' un amore infantile che cerca nell'altro il rispecchiamento di sè e una conferma del proprio esistere.

Se questa fase non viene superata bene, rimarrà inciso nella mente questo bisogno da soddisfare, pronto a scattare quando, da adulti, si entrerà in contatto con un partner.

Su queste basi si fondano due tipi di relazione:

- **quelle di appoggio:** in cui si cerca un modello materno, qualcuno che contenga, nutra e soddisfi i bisogni ma che rifletta anche un'immagine positiva di noi stessi che consenta di colmare il deficit di identità e la carenza di autostima.

- **quelle narcisistiche:** in cui l'altro è solo un oggetto e ciò che si ama è solo se stessi.

Entrambe queste modalità non hanno nulla a che fare con l'amore e non sono mai una *"relazione"* poiché questa si ha solo quando le due persone sono entrambe differenziate e separate e alla pari.

In entrambe queste forme si cerca la conferma della propria esistenza, ovvero, qualcuno che confermi la propria identità che nell'infanzia non è stata riconosciuta.

Qui non c'è amore ma solo inglobamento dell'altro, il rapporto è simbiotico.

Secondo stadio - Cancro – casa IV

Qui Venere incontra la Luna.

E' in questa fase che avviene la possibilità di collegare e scambiare le sensazioni, gli affetti e le emozioni, essendo una casa lunare, si assiste al processo di empatia con l'altro in cui non solo si "sentono" le onde emozionali ma si sente anche l'altra persona.

L'empatia dona la capacità di leggere i segnali non verbali, si impara a decodificarli attraverso un processo razionale. E' anche la fase in cui si crea la scissione tra il mondo interiore e il mondo esteriore in cui si impara a non dire e a non esprimersi.

Non dire ciò che si prova, falsare ciò che si sente e bloccare le espressioni sono modalità difensive messe in atto per non rivelare l'essenza, per evitare di essere feriti e di soffrire ma, inevitabilmente, conducono alla costruzione del falso sé che è una manifestazione contrabbandata dell'essere profondo.

Venere perderà così il contatto con l'essenza e con la verità interiore e si resterà tagliati fuori dai sentimenti adulti, che occorre invece conoscersi, essere collegati con l'integrità più profonda.

Qui sono domiciliati la Luna e Venere i due pianeti che ci parlano di scambio e di relazione emotiva ed affettiva, ma anche dell'incontro tra la passività della relazione lunare in cui il bambino è solo fruitore e la possibilità di diventare pienamente attivi nello scambiare affetto e nel relazionarsi a pieno titolo con gli altri rappresentato da Venere.

La casa quarta in termini psicologici indica se abbiamo o non abbiamo raggiunto la *"costanza oggettiva"*, quella particolare fase psicologica che ci permette di portare al nostro interno le figure genitoriali che ci aiuteranno ad auto-sostenerci di fronte a qualsiasi difficoltà e non sentirci *"abbandonati"*.

Qui l'affettività deve crescere e questo avviene in quanto si giunge all'introiezione della figura materna, processo che consentirà al bambino di tollerare la frustrazione che gli deriverà quando "l'oggetto d'amore" non sarà presente. E' la *"costanza oggettuale"* che si conquista se la madre è in grado di favorire e premiare gli sforzi di autonomia che il bambino affronta, ma è altresì pronta a dare attenzione e sicurezze quando lui ha bisogno per non sentirsi abbandonato e solo.

In questa fase il bambino comincia anche a relazionarsi a pieno titolo con gli altri membri della famiglia, esce dalla diade ed entra in un triangolo affettivo: lui, la madre e il padre.

Se questa fase non è superata in modo positivo, il temperamento sarà *"dipendente"* tipico del segno del Cancro in cui *"separarsi ed essere autonomi"* crea stati di ansia, di panico e di insicurezza.

Queste persone, da adulte, dipenderanno costantemente dal partner, a volte avranno bisogno persino della costante presen-

za fisica, desidereranno protezione, calore e accettazione in-
condizionata. Se l'altro non c'è, si sentiranno abbandonati e
perduti.

Vogliono in pratica una seconda madre e se non ottengono ciò
che desiderano, tenderanno a sviluppare atteggiamenti sedut-
tivi e manipolativi alternati dal bisogno di controllo sull'altro
che viene esercitato attraverso il ricatto emotivo.

Inoltre, tenderanno a mostrarsi risentiti per qualsiasi manifestazione di indipendenza del partner.

Da tutto ciò, possiamo dedurre che questi tipi di relazione sono
molto più lunari che venusiani e Venere, in questa sede e in
quella precedente, ha a che fare, invece, con il processo di formazione dei valori, con il senso di autostima e con la sensazione di essere amati ed accettati incondizionatamente. In
quarta casa, Venere ha il compito di preparare l'individuo alla
relazione in quanto il bambino incomincia a scambiare affetto
con gli altri membri della famiglia e si forma un concetto personale di *"rapporto"*.

Queste fasi sono i presupposti base per l'ultimo passaggio di
Venere in settima casa che rappresenta *"la scelta e la relazione
psichica"*.

Se però non si ha una sufficiente identità separata, se non c'è
senso di autostima e se non si sono strutturati i valori perso-

nali, non ci sarà 'scelta' ma solo istinto e compulsione di un 'bisogno' da soddisfare, ossia la Luna sarà ancora dominate.

E' in questo stadio che si sviluppa la *"paura di essere abbandonati"* se non si è riusciti a mantenere una stabilità e-motiva quando, nell'età infantile, non si è riusciti a creare nel proprio interno la stabilità di una relazione affettiva quando la madre si assentava per lunghi periodi. L'assenza, invece di pro-durre sicurezza della presenza materna anche quando non c'è, ha creato l'instabilità emotiva che produrrà la paura dell'ab-bandono nella fase adulta. Occcrrerà lavorare su questo stadio e in quello precedente di Venere per superare determinate fo-bie affettive.

Terzo stadio – Bilancia – casa VII

Ci troviamo nel domicilio di Venere, la sua casa, in cui troviamo anche Urano, simbolo di individuazione e di separazione per eccellenza. Non è un caso che lo troviamo proprio nella casa delle relazioni mature. Venere non cerca la simbiosi, cerca uno stato di *"benessere personale"*. Lo si ottiene avendo compreso quali valori lo producono e quale auto-riconoscimento bisogna avere per essere in grado di raggiungere il traguardo che il benessere produce, ossia, la *"gioia"*. Gli psicologi sono quasi comunemente d'accordo ad indicare questa emozione come il

flusso costante che alimenta il sentimento più grande: l'amore.
Quando nel rapporto c'è più *"gioia"* e non tanto la *"felicità"*
che è uno stato momentaneo, l'amore è costantemente alimentato come l'acqua che alimenta un fiore. Se non c'è gioia,
l'amore, nel tempo, tenderà a passire così come un fiore senza
più acqua.

Urano, qui, contribuisce a questa spinta verso la propria individualità che deve essere separata, definita, identificabile come
distinta dall'altro. Ricordiamo che Venere nasce proprio da Urano nel mito che ci è stato tramandato.

L'amore maturo si caratterizza proprio per il superamento delle
due fasi precedenti per permettere alla relazioni di basarsi sulle
differenze psicologiche che si scoprono nel confronto di due i-
dentità distinte e separate durante la quale le fantasie di fusione cedono il posto alla ricerca di tutto ciò che potrà essere condiviso e scambiato con il partner. L'io deve essere in grado di
negoziare con l'altro i vari cambiamenti che intervengono nella
relazione e, il tutto, nella costante ricerca di nuovi equilibri
(=segno della Bilancia).

In questa casa l'identità personale cresce attraverso il ritiro
continuo delle proiezioni che sono gettate sull'altro e che man
mano ci vengono rimandate per effetto del riflesso che Venere
produce. Il suo glifo, il cerchio con la croce, ricorda proprio uno

specchio: guardando il partner, guardiamo noi stessi. Guardiamo ciò che non abbiamo ancora riconosciuto e scoperto di noi. Questo stadio evolutivo di Venere, rappresenta la VII casa natale, zona in cui viene identificata come "ombra" della nostra psiche.

L'amore è ricerca, è energia, è tensione verso l'altro, è movimento e conoscenza, è un *sentimento razionale* che si basa sulla consapevolezza e sull'accettazione dei propri limiti e quelli altrui e sul presupposto della libera scelta di entrambi nonché del piacere condiviso e reciproco.

Perchè è un sentimento razionale? Qui, Venere è nell'elemento aria e qui troviamo anche Urano. Non si agisce sotto un impulso istintivo ma attraverso una visione razionale del sentimento nel momento in cui si deciderà se restare o meno con il proprio partner una volta terminata la fase dell'innamoramento. In quel momento, si cercherà di rispondere ad altre domande che prima non esistevano sul rapporto.

Nella prima parte della vita noi tendiamo a ripetere e ricercare modelli conosciuti che sono *'imprintati'* nella psiche dall'infanzia e che attendono di potersi riagganciare ad un partner con il quale si possano rivivere le dinamiche ancora in attesa di elaborazione.

Le problematiche emotive interferiscono prepotentemente con

quelle affettive e, a volte, un reale sviluppo di queste ultime è bloccato per cui, non appena si instaura una relazione, si riaffacciano i *"bisogni"* ancora da colmare che impediranno alla vera affettività di emergere.

Una relazione sana non si basa su bisogni, ma su un'effettiva capacità di confrontarsi paritariamente con l'altro, sapendo che questo è libero come lo siamo noi e sapendo che possiamo diventare un "noi" senza perdere la nostra identità che, anzi, si allargherà e si consoliderà attraverso ciò che di noi scopriremo nell'interazione con l'altro. La raffinata arte del compromesso, qui, si impara attraverso Venere che è attenta non solo a se stessa ma anche al proprio partner in quanto lei dona ciò che le permette di sperimentare il benessere per sé.

Per giungere a questa fase occorre aver raggiunto la capacità di poter stare bene con noi stessi, di scoprire chi siamo, cosa vogliamo in base ai valori che abbiamo individuato.

Da questo momento, in teoria, siamo in grado di relazionarci in modo *"profondo e corretto"* e siamo anche in grado di sostenere la tensione polarizzante tra due opposti bisogni (di affermazione personale e di relazione a due) che sono alla base della vita ma anche della ricerca costante di equilibrio interiore. E' in questo stadio che recuperiamo tutte quelle parti di noi che abbiamo perduto e che abbiamo rifiutato, è qui che impariamo ad essere veri e autentici senza ricorre più alla manipolazione e al ricatto emotivo. E' sempre qui che si decide di proseguire insieme al proprio compagno o compagna il proprio viaggio nella vita non come unità simbiotica ma come unità separata che si nutrono a vicenda. Occorre aver raggiunto una certa maturità affettiva per concedere e per concederci la libertà (=Urano) e ci si concede degli spazi da condividere insieme conservando uno spazio individuale.

Qui, Venere, è un'espressione della coscienza individuale, non siamo più nella fase dell'innamoramento ma in quella dell'amore che non detta condizioni e che non vive di bisogni di gratificazioni ma di benessere e di gioia continua. Qui, gli stati fusionali, simbiotici lunari non possono esistere né coesistere con la propria identità ed integrità. Bandirla, rigettarla, metterla da parte significherebbe temere ancora la paura dell'abbandono, del rifiuto, della non accettazione non solo da parte del partner ma anche di noi stessi.

Venere, qui, esige l'esatto contrario: niente è più importante del fatto che i due partner possano esprimersi liberamente senza paura. Si cerca il *"ben-essere"* e non il *"mal-essere"*.

La Bilancia e la settima casa rappresentano il passaggio dalla luce all'oscurità. E' la zona dello zodiaco in cui coincide col tramonto del sole e l'inizio della notte. Zona che corrisponde anche all'equinozio d'autunno, quando la luce cede a quella del buio. Per questo simbolicamente in settima casa si pongono i nostri contenuti inconsci. Qui possiamo trovare tutto ciò che è oscuro in noi, separato, non integrato nella nostra coscienza e che tramite la relazione andremo ad integrare. E qui, in questo stadio che si colloca l'amore come unione degli opposti. Venere, pianeta femminile, trova il suo domicilio in un segno maschile, di aria e razionale. L'unione va "scelta" in modo consapevole rispondendo alla domanda: *"Questa relazione, mi procura benessere?"*.

Capitolo IV

IV – La relazione, dalla dipendenza emotiva affettiva all'inter-dipendenza ed autonomia

La nostra vita ha inizio con un legame.

Siamo soli nell'oscurità ma il cordone ombelicale ci tiene uniti a un'altra vita. Nella nostra solitudine silenziosa, siamo in compagnia.

Ci troviamo in una realtà tripartita:

- siamo *indipendenti* perché soli, viviamo nel nostro mondo;

- siamo *dipendenti* perché esiste un legame che ci sostiene;

- siamo *interdipendenti* perché ci troviamo in una dimensione di spazio condiviso: quello esclusivamente nostro, quello esclusivamente della madre e quello di condivisione reciproca, lo spazio fisico.

Il cordone ombelicale rappresenta un *legame* di triplice significato che rimane impresso, come primo ricordo e come prima esperienza, che porta con sè un messaggio che possiamo definire in questo modo: *siamo liberi solo dentro a un legame di dipendenza.*

Sperimentiamo, ancor prima di nascere, un paradosso.

Un paradosso che cercheremo di risolvere durante la nostra vita, relazione dopo relazione, sofferenza dopo sofferenza, guidati da un ricordo ancestrale di unità primordiale con un altro essere umano che desideriamo recuperare: la simbiosi, quel paradiso perduto, fase che abbiamo visto, in termini astrologici, con la componente lunare.

Ci porteremo, lungo il nostro viaggio, il dualismo libertà-legame dimenticando la terza condizione che li include entrambi: l'*interdipendenza*.

Oggi, viviamo in una fase storica in cui viene valorizzato l'individualismo, viviamo di dualismo: bello-brutto, giorno-notte, solitudine-compagnia e via dicendo. Diventa, pertanto, difficile pensare di essere liberi all'interno di un legame e di poter conciliare due posizioni antagoniste.

Ci troviamo a vivere una lacerazione tra il desiderio innato di stare vicino agli altri e quello di vivere in maniera indipendente, senza vincoli e in piena libertà.

La cultura contemporanea, i mass-media, promuovono il mito dell'indipendenza, dell'autosufficienza, della libertà intesa come assenza di veri legami. Viene minato il nostro naturale bisogno di appartenenza.

I social media fanno il resto con quelli che vengono chiamati dagli esperti i *legami liquidi*. L'imperativo dominante è quello di non aver bisogno di niente e di nessuno, di non permettere agli altri di avvicinarsi perché, fin quando sono a distanza, non possono farci soffrire e non possono ferirci.

La spinta culturale verso l'indipendenza ha come effetto di creare relazioni problematiche e disfunzionali dove vengono a mancare la reciprocità, l'intimità e la vera gioia, gioia che è quella emozione base che permette di far nascere quel sentimento chiamato amore.

Con questo scenario si può ben comprendere che, inevitabilmente, ci si confronterà con gli antichi sentimenti di abbandono, di rifiuto, con il dolore di non essere visti né considerati unici e speciali, con l'assenza di stabilità, con la mancanza di affidabilità e di fiducia nel creare un rapporto profondo con il partner.

A questo punto è indispensabile chiarire cosa sia *dipendenza*, cosa sia *indipendenza* e che cosa sia *interdipendenza* in termini relazionali.

Aiutiamoci con il loro significato.

-**Dipendenza:** impossibilità di determinare da soli le condizioni della propria esistenza, anche in senso psicologico. E' assenza di reciprocità. Le due persone fanno tutto insieme e mettono da parte ció che era il loro mondo prima di conoscersi, per dare spazio a una nuova dimensione, quella condivisa.

Si smette di dedicare tempo ai propri interessi personali per dedicarlo ai nuovi interessi comuni.

Ci concentriamo sull'altra persona, sul "TU" mentre l'"IO" si impoverisce perché il partner è l'unica fonte di soddisfazione e di gratificazione che ci spinge a cercare conferme, rassicurazioni e certezze con il risultato della perdita dell'Io.

Possiamo trovare questa dinamica quando uno dei due partner si trova in condizioni di "bisogno" mentre l'altro è passivo, compiacente e si adatta alla situazione. L'incastro simbiotico si attiva. Non c'è una chiara comprensione dei propri bisogni e di quelli del partner perché tutto si trova mescolato insieme.

Si vive per soddisfare i suoi desideri anche a danno del proprio benessere, si evita di generare conflitti per paura del rifiuto e dell'abbandono, la propria autostima dipende da quello che dice o fa il partner, si vive l'angoscia della separazione e dell'assenza, si vive con il timore di dire e fare la cosa sbagliata, si negano i propri bisogni, molti "no" diventano "si" per salvare il rapporto, si combatte qualsiasi cambiamento (evolutivo) della coppia, ci sia annulla per "amore" (?) dell'altro credendo quello che l'amore non è: sacrificio.

Quando finisce una relazione non si elabora il lutto della perdita in quanto si cerca di evitare la solitudine e il dolore iniziando una nuova relazione.

E' molto facile sperimentare diverse forme di dipendenza che mettono in gioco diversi stati emotivi che finiscono per assorbire molta energia fino a drenarci completamente. Concentrati sul partner si perde di vista la stessa relazione.

Per riassumere con una semplice immagine, abbiamo questa situazione:

-Indipendenza: capacità di disporre di sé e della propria vita, di essere padroni di sé e si è liberi di operare decisioni corrispondenti alla propria volontà personale. L'indipendenza psicologica, per essere autentica, richiede di farsi carico dei propri contenuti di ansia esistenziale senza l'aiuto esterno. Sono coloro che si bastano da soli o, almeno, lo credono.

Se nella dipendenza il centro focale era il "TU" e la ricerca di uno stato unitario, qui diventa l'"IO" e la ricerca di uno stato di separazione. Si è concentrati sulla direzione della propria vita più che sulla relazione. Spesso, all'interno della coppia, le aspettative non vengono soddisfatte in quanto tutta una serie di situazioni e di circostanze portano a privilegiare le situazioni personali rispetto a quelle relazionali. Vengono interpretate come spinte di fuga del partner, che alimentano dubbi sul rapporto che finiscono per minare la fiducia.

La coppia viene vissuta come impedimento alla propria libertà finendo per creare un senso di soffocamento progressivo. Spesso si incomincia con un lento ritiro, non si dichiarano i propri bisogni, la comunicazione, via via, arretra. Ci sono tutti i presupposti per la nascita di una vita segreta, in cui i sentimenti veri vengono occultati e nascosti, si bara sia con se stessi che con il partner.

Si iniziano ad accumulare sentimenti di rabbia che producono litighi, conflitti, discussioni, rivendicazioni, tutte elementi che minano la relazione. Si desidera stare insieme ma le spinte verso l'indipendenza e l'autonomia spingono più verso l'"io" che non al "noi" dove il "tu" diventa la causa principale del disagio personale. Un eccesso di indipendenza inevitabilmente ci porta lontano dal partner ma anche a non poter sondare in profondità un legame affettivo. Dinamiche di fuga son spesso dettate dalla paure antiche di non mettersi nella condizione di subire un nuovo dolore dell'abbandono. Spesso è più una tecnica difensiva che serve per proteggersi dal coinvolgimento creando un congelamento emotivo.

Ci troviamo in questa situazione

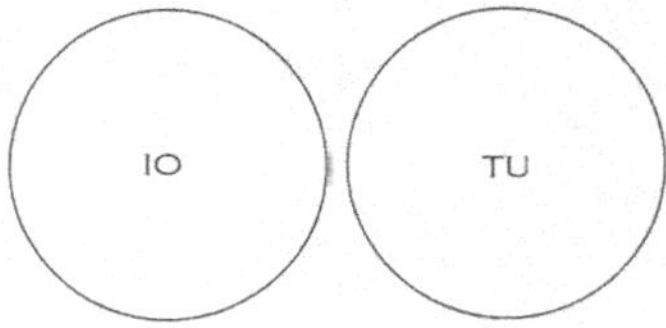

-Interdipendenza: rapporto di reciproca dipendenza, si basa sull'accettazione dell'integrazione di un legame imperfetto, i partner giungono a un sano equilibrio tra autonomia e dipendenza, condizione di maturità in cui entrambi possono vivere in stati di separazione pur riconoscendo il bisogno di intimità. E' una relazione che promuove distanza e autonomia con il *"piacere dell'esplorazione"* permettendo ai singoli individui di strutturare una loro identità personale.

L'interdipendenza è quella caratteristica di una coppia dove i due partner perseguono obiettivi anche individuali.

In un progetto di vita comune l'interdipendenza è legata alla soddisfazione della coppia che ha come obiettivo il benessere di entrambi.

La profondità del rapporto mira alla costruzione della fiducia, di un attaccamento sicuro ben diverso da ogni forma di dipendenza.

L'interdipendenza presuppone la presenza di un triplice spazio:

- quello del "noi";

- quello dell'"io";

- quello del "tu".

Nello spazio del "noi" ci si trova l'uno al fianco dell'altra, dove insieme si costruisce qualcosa di nuovo, di autentico e di unico per il reciproco benessere.

Non è uno *scambio* in cui io do una cosa a te e tu dai una cosa a me in cui, poi, rinunciamo entrambi a qualcosa ma è una situazione che viene definita *"win-win"* (vinco io, vinci tu), ossia, si condividono le aspirazioni cercando un modo per realizzarle tutte insieme. Se necessario, lo si fa anche dividendosi i ruoli. Non ci sono rinunce. Quello che conta è la realizzazione di entrambi e non la realizzazione di uno a scapito dell'altro.

Lo spazio dell'"io" e del "tu" è quello spazio in cui si continua a dedicare il proprio tempo alle proprie passioni, non si fanno rinunce e non si fanno scambi.

Una situazione che non va confusa con l'egoismo ma che va vista nell'ottica dell'individualismo.

I partner sono capaci di soddisfare le proprie necessità, continuano a godersi i propri amici e tutto ció che si faceva prima di entrare in relazione.

Abbiamo visto che nella dipendenza il focus era il "tu", nell'indipendenza era l'"io" che creavano dinamiche conflittuali e rapporti disfunzionali. Nell'interdipendenza si assiste un nuovo scenario: il tempo che i partner dedicano a se stessi e il tempo che dedicano alla coppia. Momenti si separazione e di incontro coesistono e vivono in un equi ibrio dinamico.

Il riconoscimento della propria autonomia e della propria dipendenza conducono verso una sana dipendenza affettiva in cui l'autonomia è conquistata con una solida appartenenza e con la sicurezza che non si è soli.

Su queste basi, possiamo definire una coppia interdipendente quella che continua a dedicare tempo alla sua vita personale, ai suoi interessi e alle sue passioni. Ogni separazione produce un nuovo incontro più ricco in quanto entrambi i partner fanno esperienza diverse che poi condividono nello spazio del "noi". Il rapporto tende ad arricchirsi invece che impoverirsi, non si vede la separazione come abbandono o disimpegno ma come valore aggiunto alla coppia. Non si generano rancori, senso di colpa o conflitti. Lo spazio individuale è quell'area di benessere personale che produce benessere di coppia che va a nutrire entrambi i partner.

La possiamo rappresentare con questa immagine:

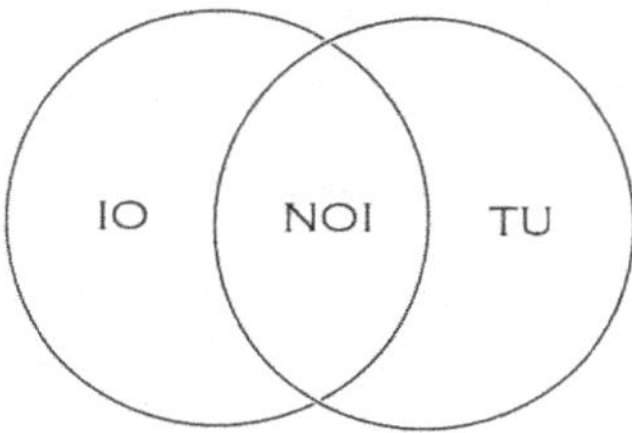

Individuato il significato dei tre termini, si possono comprendere meglio le valenze lunari e venusiane. Spesso si vive il dualismo dipendenza-indipendenza e difficilmente si prende in considerazione l'aspetto dell'interdipendenza relazionale, il riconoscimento di entrambe le necessità di separazione e di unione.

Non c'è esclusivamente un "NOI" ma una dinamica "IO-NOI" all'interno della coppia, una danza e una ricerca di equilibrio (=Venere) che va continuamente cercata.

Occorre passare da un'immagine di un "noi" dove le differenze individuali non esistono, ad un'immagine più realistica, in cui invece le differenze individuali ci sono e possono completare l'altro.

L'interdipendenza è il terzo stadio evolutivo di Venere che abbiamo visto in precedenza.

Dipendenza e indipendenza sono dinamiche che si riscontrano nei livelli precedenti venusiani combinati con i livelli evolutivi della Luna.

Quest'ultimi hanno:

- come primo stadio la fase Cancro, la fase del bisogno;

- come secondo stadio la fase Capricorno, fase in cui si impara ad essere autonomi e a badare a se stessi;

- come terzo stadio la fase Pesci, fase in cui abbiamo raggiunto un'unità interiore con noi stessi e non con il partner. La fusione simbiotica cercata è diventata unione profonda interiore che ci permette di evolvere nel nostro processo di individuazione junghiana.

Se il terzo stadio venusiano ci permette di raggiungere l'auto valorizzazione senza il *riconoscimento* esterno, il terzo stadio lunare ci permette di raggiungere l'auto nutrimento emotivo che riusciamo a darci senza nessun *sostegno* esterno.

Trovarsi negli stadi inferiori significa che ci troviamo ancora nel dualismo dell'indipendenza-dipendenza.

Entrambi questi pianeti nel nostro tema natale ci segnalano i modelli emotivi ed affettivi che abbiamo costruito nell'ambito delle relazioni genitoriali.

Nell'innamoramento dovranno vibrare sia la Luna (che risponde alla domanda: *di che cosa ho bisogno per stare bene?*) sia Venere (*con cosa sento piacere e con chi sento affinità?*), entrambi gli archetipi devono vibrare affinchè ci sia la magia dell'innamoramento.

Si potranno sperimentare dipendenze sia emotive (=Luna) sia dipendenze affettive (=Venere) che tutti noi, per gradi e tonalità diverse possiamo sperimentare. Saranno gli aspetti planetari a darci ulteriori indicazioni.

La maggior parte di noi sta ancora sviluppando i livelli inferiori di Venere, oppure si trova nei livelli intermedi e più raramente si è vicini ai livelli superiori, ovvero gli elevati stati di Coscienza.

La maggior parte, uomini e donne, sta sviluppando ancora gli aspetti esteriori e mondani di Venere: l'estetica, la seduzione, il sentimentalismo, la dolcezza, la socievolezza, i divertimenti, la lussuria, la trasgressione fisica, il piacere effimero.

Per un uomo di medio livello evolutivo Venere può indicare le qualità fisiche, estetiche e passionali che la donna deve possedere per suscitare istintivamente attrazione e desiderio inconscio.

Per una donna di medio livello evolutivo Venere indica le sue capacità e predisposizioni seduttive, il senso del piacere, dell'estetica, della conciliazione, della serenità con se stessa e con gli altri. Attraverso i tantissimi livelli evolutivi intermedi, la Luna e Venere rappresentano la nostra personale risposta alle relazioni.

Per chi desidera evolvere, inevitabilmente dovrà tendere verso l'interdipendenza. Un traguardo che devono puntare entrambi, l'uomo e la donna perché da soli si può fare sempre metà del cammino. Ci si deve alleare e, per allearsi, entrambi son chiamati a rivedere completamente il loro ruolo. Nei capitoli precedenti abbiamo visto che c'è da recuperare il profondo significato della Luna quanto di Venere per poter acquisire un'integrità del femminile per la donna e una rivisitazione del ruolo maschile rispetto alla donna che ha raggiunto la sua integrità. L'interdipendenza riguarda anche le dinamiche sessuali. Riprendiamo l'immagine che identifica questo rapporto:

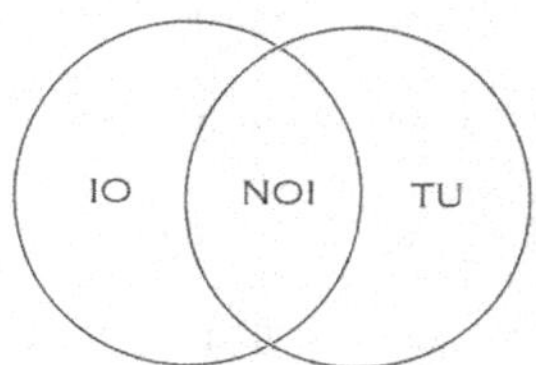

Anche la sessualità, vista in questa prospettiva, ha tre aree. Si tende ad esprimere principalmente quella del "noi" dove l'intimità è vissuta con la dolcezza e la sensibilità caratterizzata dalle emozioni, dai sentimenti, dall'attaccamento al partner e si cerca di coordinarsi, di venirsi incontro, di non creare disagi e di accogliersi.

Tuttavia ciò che è valido per conseguire una sana funzione interdipendente del rapporto, è valido anche per la sessualità.

Lo spazio dell'"io" e del "tuo" ci riconduce alla nostra individualità, alle nostre fantasie, ai nostri istinti che sperimentiamo quando siamo soli con noi stessi ma che vengono rimossi in presenza del partner. Vuoi per pudore, vuoi per vergogna, vuoi per tabù, vuoi per auto-censura, vuoi per timori del giudizio e via dicendo. C'è una parte di noi, cosciente quanto inconscia, che spinge verso una direzione: soddisfare la spinta del cervello primitivo o rettiliano. L'argomento verrà ampiamente elaborato nel prossimo capitolo.

Il cervello primitivo è condiviso sia nell'uomo quanto nella donna. Quest'ultimo è collegato all'aspetto fisiologico, come il cervello intermedio-limbico è connesso all'aspetto psicologico e il cervello superiore-corteccia è connesso alla cultura del tempo.

Quando si parla della sessualità della coppia non si può parlare del cervello primitivo che viene tenuto sotto controllo.

Tuttavia, il benessere della coppia, deriva anche dalla sua e-spressione: la capacità di poter esprimere le spinte egoiche del piacere fisico, dell'uomo quanto della donna. Le fantasie appartengono ad entrambi i sessi ma che la cultura non concede allo stesso modo.

Abbiamo visto l'evoluzione storica del matriarcato al patriarcato, abbiamo visto il passaggio dalle divinità lunari alle divinità solari, abbiamo visto come l'avvento delle religioni abbia portato una visione dei ruoli che persiste ancora oggi.

Non si tratta di rievocare un lontano senso matriarcale, non si tratta di rafforzare una tendenza patriarcale, si tratta di rivendicare la propria integrazione individuale che la storia e la cultura hanno diviso dentro di noi tramite credenze, ideologie e paradigmi esistenziali per poi andare oltre.

Raggiungere l'interdipendenza relazionale che ci allontani dal dualismo dipendenza-indipendenza, significa anche una revisione profonda del proprio senso di identità maschile e femminile, dei ruoli ereditati dalla storia, significa dover fare i conti con una revisione del vissuto della propria sessualità oltre che del suo significato.

Una coppia che lavora per l'interdipendenza significa che è in cammino verso una ridefinizione della propria natura del maschile e del femminile su 360°

Entrambi diventano una coppia in cui ci si trova alleati sulla via dell'esplorazione della conoscenza sul significato e sul valore dell'interdipendenza abbandonando i vecchi modelli relazionali. E la sessualità è uno tra questi come abbiamo visto nei capitoli precedenti. Non la si può eludere.

La comunicazione nella coppia diventa, allora, fondamentale perché mai come in questo contesto possa ritenersi necessaria. Creare un progetto relazionale basato sull'interdipendenza significa confrontarsi continuamente, significa poter comunicare, condividere liberamente ciò che piace senza la paura del giudizio o del conflitto che ne potrebbe derivare.

La comunicazione è fondamentale per lenire l'ansia che potrebbe nascere dai continui momenti di separazione-incontro, è fondamentale per poter esprimere con autenticità e verità le proprie esigenze che, in un contesto di una relazione dipendente-indipendente, si cercherebbe fuori dalla coppia.

Passare dalla simbiosi alla relazione, ad una relazione interdipendente, non è facile. Richiede un'autentica rivoluzione interiore, dell'uomo quanto della donna. Ma quando una coppia condivide lo stesso valore e la stessa finalità, lo dichiara e lo esplicita come progetto di coppia, ci si trova alleati nell'esplorazione del nuovo mondo, sia da soli per coltivare se stessi, sia insieme per condividere ciò che si è imparato. Uniti ma separati, così come fu la nostra prima esperienza di vita che ci vide legati ma liberi dal cordone ombelicale in un contesto interdipendente con la madre.

Non eravamo solo dipendenti così come non eravamo completamente indipendenti.

Forse un giorno si riuscirà a risolvere il paradosso della nostra stessa nascita scoprendo che siamo esseri interdipendenti, se lo vogliamo, se lo desideriamo.

In questo contesto, Venere domina incontrastata e l'astrologia, usata in questa prospettiva, diventa una guida per le donne e per gli uomini del XXI secolo che desiderano liberarsi di vecchi modelli di ruolo e rinnovarsi.

Luna e Venere, la loro storia, la loro simbologia, comprendere in profondità il loro significato attraverso uno studio interdisciplinare, ci permette di mettere insieme degli strumenti che ci aiutano due volte: nella coppia e nel nostro processo di individuazione.

Ma, come per tutte le cose, è una questione di "scelta" che si deve fare: evolvere stringendo alleanze o soccombere davanti al partner di turno.

Gli anni passano e ci possiamo ritrovare a 60 anni con gli stessi problemi e costanti di vita che avevamo a 20 anni. Questo, sarebbe un chiaro segnale che si è scelto di *non-scegliere* perché

non si è stati vittima dell'universo né sfortunati ma semplicemente sordi e ciechi davanti alle possibilità di cambiamento. Si
è rimasti prigionieri della Luna e di Venere nei loro primi stadi
evolutivi fatto di bisogni e di dipendenze.

Entrambi i pianeti lì ritroviamo nello stadio del Capricorno. La
Luna è in esilio e Venere è in caduta, ossia, entrambi i pianeti
perdono parte delle loro caratteristiche nel momento in cui en-
trano in contatto con Saturno. Non è un caso perché in astrologia tutto è un perfetto meccanismo ad incastro. Saturno ci
mette in contatto con il *principio di realtà*, ci spinge a una revisione del nostro modus operandi, scandaglia ogni debolezza,
abbatte ogni illusione, enfatizza punti deboli con una finalità
ben precisa: portarci alla maturazione.

Saturno ci vuole autonomi, autosufficienti, in grado di farcela
da soli, in qualsiasi circostanza e dove possiamo imparare meglio tutto questo se non in un contesto affettivo e relazionale?

IV.I La Dèa trina per un cervello trino.

Secondo il neurologo Paul MacLean, il nostro cervello è costituito da tre componenti distinte, ognuna delle quali rappresenta un momento evolutivo ben preciso.

Possediamo un cervello trino, tripartito composto dal:

- cervello primitivo: ossia rettiliano considerato la parte umana più istintiva e più arcaica che ci mette in contatto con gli istinti primordiali. Qui possiamo trovare quello che potremmo definire *amore erotico, una sessualità istintiva.* Spinge all'unione fisica senza il vincolo di voler sviluppare una relazione, non crea nessun tipo di attaccamento, non richiede nessun riconoscimento dell'altro. Vige il concetto del maschio-dominatore e della femmina-sottomessa ma, più in generale, del dominatore e del sottomesso;

- cervello intermedio: quello limbico, area collegata alle emozione e ai sentimenti. E' la sede collegata al coinvolgimento affettivo, sede in cui si sviluppa l'attaccamento. Qui possiamo trovare quello che potremmo dire *amore compassionevole,* una sessualità che non è solo fisica ma che produce un legame più profondo grazie alla spinta nel voler creare un legame, avviene il riconoscimento dell'altro;

- <u>cervello superiore</u>: quello della neo-corteccia dedito alle funzioni cognitive e razionali (in cui risiedono le capacità progettuali, il sentimento di stima e di rispetto che conducono al mantenimento della relazione e, quindi, al passaggio da una coppia nella sua fase iniziale ad una coppia matura), è sede dell'istanza morale. Quest'area dovrebbe aiutarci a comprendere e a far da filtro con altri due cervelli per poter prendere una decisione. Qui possiamo trovare quello che potremmo dire *amore progettuale* che ha il compito di rafforzare il legame, una sessualità mediata culturalmente, dotata di un significato basato su funzioni cognitive e sulle motivazioni personali. E' qui che si determina con chi avere o meno un rapporto sessuale, se farlo o non farlo, perché farlo o no e che cosa potrebbe significare per noi.

Pur se coordinate tra loro, queste tre aree sarebbero, secondo MacLean, indipendenti l'una dall'altra e in grado di dominarsi reciprocamente. L'idea iniziale che la corteccia cerebrale dominasse e coordinasse l'intero funzionamento del cervello, con MacLean veniva a cadere.

Non abbiamo un solo cervello, ne abbiamo tre che conducono a tre visioni diverse.

Nel sottile gioco d'equilibrio dei tre cervelli abbiamo situazioni che descrivono diversamente non solo il legame affettivo ma anche la nostra sessualità e, quando si parla di relazioni, non si può non parlare di sessualità.

L'amore contiene l'aspetto della sessualità e, ovviamente, quest'ultimo non necessariamente include l'amore.

Quando si prende in considerazione il cervello trino, non possiamo farlo soltanto parlando di legame, di relazione e delle dinamiche di coppia perché ci sarà sempre e comunque un "gioco" su tre tavoli diversi che hanno regole diverse e dove ci sono giocatori diversi.

Possiamo dire, in base a questa prospettiva, che il desiderio sessuale è composto da tre componenti:

- quella **biologica** (impulsi fisici);

- quella **psicologica** (che è influenzata da come ci si sente);

- dalla componente **culturale** (che riflette i nostri valori, le regole, la morale ed è frutto del processo di educazione culturale di un determinato periodo storico).

Si può facilmente dedurre come il desiderio sessuale possa essere la manifestazione di tutte e tre le sfere del cervello anche se realisticamente sperimentiamo un mix con dosi diverse.

Prima di collegare tutto questo con la Luna e con Venere passando attraverso il mito, occorre approfondire alcuni aspetti di questo argomento per comprendere il legame che li unisce.

Marte? Marte viene dopo perché è colui che agisce, mette in

movimento una spinta interiore.

Il cervello trifasico, trino, è un cervello che porta informazioni differenti.

Studi e ricerche di settore evidenziano l'attività svolta dal cervello primitivo: eseguire costantemente una scansione dell'ambiente che lo circonda alla ricerca di segnali. In base a ciò che osserva, si pone tre semplici domande:

- è possibile mangiarlo?

- è possibile farci sesso?

- è una possibile minaccia?

Cibo, sesso e minaccia sono l'eredità che abbiamo ricevuto e che permangono nel cervello primitivo. Con l'evoluzione abbiamo sviluppato gli altri due cervelli che hanno prodotto altre capacità ma non siamo rimasti insensibili agli stimoli primari ma questo, ovviamente, non significa che agiamo subito sotto questa spinta. Gli impulsi vengono passati al vaglio del cervello emotivo (l'intermedio) e dal cervello razionale (il superiore). Le spinte primarie diventano dinamiche sottoposte al vaglio della razionalità, più di testa che di pancia se tutto va bene.

É necessario non solo avere lo stimolo di fronte a noi per agire occorre che esso sia dotato di significato che gli attribuiamo nel poter dare una risposta alla domanda *"è possibile farci sesso?"* perché la possibilità di farlo è un evento che accade prima nel nostro cervello.

Quando è il cervello superiore a guidare il comportamento sarà lui a decidere con chi avere o meno un rapporto sessuale, perché farlo o no e che cosa ciò significhi per noi in base a come ci sentiamo (aspetto psicologico) e in base alla nostra componente culturale (i nostri valori, la morale, le regole, religione).

Affinchè la sessualità possa essere appagante, i due cervelli, quello razionale e quello emotivo, prendono in considerazione la possibilità di sperimentare la sensazione se sarà gratificante, soddisfacente e se ci si sentirà nutriti dall'esperienza con il possibile partner. Aspetti che il cervello primitivo non prende in considerazione se non quella di seguire l'istinto e l'impulso.

Tre cervelli in uno che hanno visioni completamente diverse in merito alla sessualità e per quanto possiamo far tacere il cervello primitivo rimane sempre presente ma questo non significa legittimare il comportamento che ne consegue.

Fisiologia, psicologia e cultura sono i parametri di riferimento per i tre cervelli che comportano spinte sessuali differenti e non solo affettive.

Viste le distinzioni precedenti possiamo anche ipotizzare che un'insoddisfazione nel campo dell'intimità possa derivare dal non allineamento dei tre cervelli.

Facciamo un esempio: mi posso trovare bene con un partner

dal punto di vista *culturale* e dal punto di vista *psicologico* ma posso percepire una mancanza in termini *fisiologici* in quanto la mia cultura (morale, regole, tabù) accompagnata da certi disagi psicologici (paura, insicurezza) non mi permette di esprimermi da un punto di vista fisiologico.

Consapevoli o meno, l'aspetto fisiologico, riguarda l'uomo quanto la donna. Un'area, quella del cervello primitivo, che non viene indagata dai partner se non tra i più flessibili a considerare nuove possibilità di benessere. Tuttavia, l'aspetto culturale impedisce:

- all'**uomo** di esprimere alla propria donna le richieste del suo cervello primitivo in quanto andrebbero in contrasto con l'immagine della donna che ha scelto di avere al suo fianco come *"vergine"* e come *"madre"* ma non in una versione diversa in quanto trasferita nell'immaginario e all'esterno, senza poi considerare tabù e divieti che portano in un'unica direzione: non fare alla propria donna quello che si farebbe con altre.

- alla **donna** di non poter esprimere, se è consapevole e se è ricettiva delle sue profondità, la stessa indole, uguale a quella dell'uomo, che deriva dal cervello primitivo. L'aspetto culturale la porterebbe a pensare di se stessa in termini di vergogna, di colpa, di essere considerata una donna di poco valore, alimentando paure dell'abbandono, del giudizio esterno e della morale e valori a livello interno in un loop continuo che blocca ogni decisione e scelta.

Nella coppia esiste un territorio ricolmo di taciti silenzi, di non-detti e di segreti nascosti. Ci sono argomenti di cui non si parla e con cui non ci si confronta ma che aleggiano nell'aria e che cercano un'espressione.

I tentativi che possono essere fatti in tale direzione, ci espongono al rischio della possibilità di perdere una base sicura, la possibilità di scoprire di ritrovarsi in una situazione costrittiva, la possibilità di rimanere delusi, la possibilità di scoprire di stare male all'interno del legame in virtù del legame stesso che impedisce di raggiungere quel "qualcosa di indistinto" che manca.

Chiediamoci perché ci sono i tradimenti, chiediamoci perché quasi la metà delle coppie, secondo le ricerche di settore, tradiscono entrambi i partner, chiediamoci perché la pornografia non conosce mai crisi, chiediamoci perché esiste la prostituzione.

Abbiamo un cervello trifasico e si può ipotizzare che un mancato allineamento o la mancata espressione di uno possa creare delle spinte di fuga dalla coppia, coppia che il cervello superiore cerca di salvaguardare perché spinto dall'amore progettuale che richiede, per conseguirlo, una stabilità relazionale.

I nostri tre cervelli sono in continuo dialogo tra di loro, uno influenza l'altro e vanno alla ricerca di una mediazione e non di una rimozione o repressione. Cercano una convivenza pacifica e non una lotta di affermazione. Tuttavia, sperimentiamo una lotta continua tra il nostro àngelo e il nostro dèmone interiore.

La nostra società fa di tutto per far tacere il cervello primitivo che inevitabilmente diviene ombra e impedisce i progressi lungo la via del processo di individuazione.

Oggi si fa di tutto per non considerarla, per tenerla tacitamente nascosta come se non esistesse. Ma lei è lì, dentro di noi.

Ma se da un lato la società reprime nella trasmissione dei valori culturali, la esalta indirettamente nella pubblicità, nei mass-media che utilizzano, come veicolo d'interesse, le stimolazioni del cervello primitivo.

Facciamo un passo indietro.

Nei tempi antichi, la figura della Dèa trifasica che abbiamo visto nei capitoli precedenti, unificava tre aspetti. In Nyx, il mito più antico che l'uomo conosca, aveva la triplice manifestazione di Notte, Ordine e Giustizia. Era ombra (notte), era luce (stelle). Successivamente venne personificata nella triplice Dèa lunare con le sue fasi di nuova, piena e oscura. Questa rappresentazione offriva un modello per la natura femminile nella sua interezza di: vergine, madre, anziana. La sessualità estatica-sacra era unita al concetto di procreazione, erano fuse e inscindibili.

Per analogia, la natura trifasica ancestrale si connetteva all'aspetto unitario del nostro cervello tripartitico.

La sfera primitiva, intermedia e superiore si bilanciavano.

Abbiamo visto in precedenza che sia la Dèa lunare quanto Afrodite-Venere avessero un'espressione che condividevano ampiamente, ossia, la *sessualità sacra* che aveva lo scopo di portare estasi, guarigione, rigenerazione e illuminazione nonché fare esperienza del divino onorando la divinità.

In termini moderni, potremo dire che il nostro cervello primitivo non era sottoposto al vincolo morale creato successivamente con l'avvento del patriarcato e delle religioni.

Con gli Dèi solari i simboli della Dèa cominciarono a scomparire e i suoi insegnamenti vennero dimenticati, repressi e distorti nonché separati in altre divinità appositamente preposte per cancellare gli aspetti meno consoni e non adeguati sia alla Luna che a Venere-Afrodite.

Con la visione monoteista, la cultura patriarcale si riconosceva solo due aspetti della Dèa: la vergine e la madre. Veniva accettata una versione del femminile che integrasse unicamente questi due aspetti.

La sua nuova identità simbolica portò alla nascita della nuova immagine ideale del femminile che aveva il ruolo di dare la vita senza "macchiarsi" con l'atto sessuale. Infatti, la sessualità femminile venne accettata soltanto nel contesto della procreazione. Ogni legame, ogni collegamento con le energie sessuali della Dèa che avevano un ruolo rituale e sacro per la guarigione e nella rigenerazione nonché quale mezzo per contattare la divinità, venne cancellato e soppresso.

Le dottrine religiose rifiutarono completamente la terza natura della Dèa Oscura, la saggia crona che portava e istruiva sul mistero non solo della sessualità sacra ma anche sulla morte ritenuta come passaggio ciclico e non come fine della vita. Ricordiamo che le religioni contribuirono al passaggio dal tempo ciclico al tempo lineare attraverso la genesi e l'apocalisse, l'inizio e la fine di tutto.

Possiamo dire e ipotizzare che il cervello intermedio e superiore operarono interiormente una scissione dal cervello primitivo che aveva vita propria in altri contesti: la prostituzione, priva di ogni collegamento con la spiritualità.

La negazione dell'ebbrezza e del potere di guarigione della sessualità aveva il compito di salvaguardare il credente e l'uomo religioso da ogni tentazione e dal peccato. La donna era la tentatrice come il serpente dell'Eden.

Si assiste ad un processo diffamatorio non solo del mito ma anche della cultura che condizionò, e che condiziona ancora oggi, a sopprimere e a negare una celle tre nature della divinità: la sessualità sacra.

Questa scissione è simbolo odierno di due comportamenti che rendono:

- la donna incompleta, scissa, sottomessa;

- l'uomo ad avere un'immagine della donna distorta non solo nell'idea del femminile (da sottomettere) ma anche della sessualità scissa tra la versione della "vergine e madre" con quella della donna erotica che anticamente erano unificate e sacre.

Le negazioni di identità creano solo una zona non più visibile alla coscienza che Jung ha chiamato, come sappiamo, ombra.

L'ombra è quel luogo dentro di noi dove facciamo arrivare tutto quello che non ci piace di noi stessi, tutto quello che consideriamo minaccioso, vergognoso e inadeguato ma contiene anche le nostre qualità preziose e positive che siamo stati forzati a reprimere e a disconoscere per poter essere accettati e riconosciuti. La sessualità in generale e quella espressa dal cervello primitivo sono relegate nell'ombra ma rappresentano la forza fondamentale nella creazione della vita.

La Dèa Oscura e i suoi insegnamenti sono diventati l'ombra collettiva del patriarcato che l'ha concepita come nemico da distruggere.

Luna e Venere rappresentano aspetti strettamente connessi che nel tempo sono stati scissi dalla loro simbologia e relegati nella zona d'ombra.

Ogni uomo, ogni donna vive questo lato oscuro delle due divinità che sono state represse vivendo stati d'animo che gli psicologici chiamano nevrosi, psicosi, ossessioni, complessi. Diventano demoni nell'uomo quanto nella donna che prendono vita attraverso giudizi, sensi di colpa, rifiuto, abbandono, egoismo, rabbia, aggressività, vergogna, inganni, tradimenti, dipendenze, violenze, abusi, stupri.

La sessualità della Dèa lunare quanto quella venusiana è un tabù culturale. Le donne vengono indotte a vergognarsi dei loro desideri sessuali vivi e istintivi quanto quelli dell'uomo per non essere etichettate con nomi che offendono la loro identità e dignità. Inducono l'uomo a scindere la donna da sposare (vergine e madre dei propri figli con una sessualità di procreazione con una libido contenuta e moralmente accettabile) con la donna di una notte (l'eros dell'amante e del piacere della sessualità vissuta come desiderio completo e totalizzante ma non più sacro ma istintivo).

In entrambe le situazioni si perde il valore ritualistico e sacro dell'esperienza di intimità.

Uomini e donne sono alla ricerca, coscienti o meno, di un

"qualcosa" che manca per sentirsi completi.

Abbiamo visto prima la suddivisione del cervello in primitivo, intermedio e superiore che ci ha fatto ipotizzare degli argomenti che portano a spiegarre altri, come la pornografia e i tradimenti in virtù della percezione indistinta che nel rapporto manchi *"qualcosa"*. Che questo *"qualcosa"* venga poi associato al fatto che non si va d'accordc, che non ci si comprende, che la si pensa in modo diverso, che si litiga, che l'"amore" è finito o altro, sono spesso le bugie misericordiose che diciamo a noi stessi. Il più delle volte, scavando sotto queste motivazioni, se ne scoprono altre incompatibili con il cervello superiore/culturale e sono, spesso, inconfessabili anche a noi stessi.

La pornografia la possiamo vedere come espressione del nostro lato primitivo che non sarà mai completamente addomesticato dalla concezione dell'amore romantico. Sono pulsioni rimosse che a livello di coscienza sono viste come incompatibili o che vengono censurati dalla morale comune. Un tempo veniva canalizzato attraverso la ritualità e la sacralità che permettevano la loro espressione più elevata. Oggi, viene a mancare questo contenitore che un tempo veniva offerto dall'integrità simbolica della Luna e di Venere, per la donna quanto per l'uomo.

L'ombra non fa che prosperare e si rafforza per poi emerge dominando la nostra personalità nel momento in cui siamo più vulnerabili o sotto stress. Sappiamo le difficoltà che possono creare i transiti saturnini, uraniani, nettuniani e, soprattutto, quelli plutoniani che fanno traballare, vacillare, frantumare, rigenerare la nostra identità.

I rigidi codici sessuali morali della società hanno portato una visione della sessualità che limita, nei migliori casi, l'apertura sessuale quanto quella emotiva verso il partner creando una scissione psichica. Una visione che ci porta ad usare le energie sessuali in modi che ci nuocciono, dominandoci e degradandoci. Invece di guarirci, di rigenerarci grazie all'energia estatica, i rapporti diventano caotici, pieni di sfiducia, subentra inevitabilmente la delusione, iniziano le insoddisfazioni, i tradimenti, alimentano i sensi di colpa taciuti e negati, mai espressi.

Uomini e donne dovrebbero esplorare, guarire e trasformare questo timore inconscio legato alla sessualità recuperando il signficato simbolico che non solo viene tramandata dalla mitologia originaria ma anche comprendendo l'evoluzione storica della cultura nonchè la neurologica del nostro cervello per poter ricostruire una nuova visione del ruolo maschile, femminile e della sessualità.

Quando si imposero gli Dèi solari, le persone vennero allontanate dalla ritualità sacra della sessualità. Veniva proposta la monogamia e una sessualità di procreazione. Il femminile, ereditato dalla cultura matriarcale, era una tentazione del demonio con l'avvento delle religioni. L'espressione libera della sessualità e del suo potere intrinseco nella sua ritualità sacra venne bandito dalla donna.

E' interessante notare come attualmente le malattie trasmissibili con l'atto sessuale possanc essere la rappresentazione simbolica di una negazione della stessa sessualità.

Jung ci insegna che per guarire le ferite create dalla negazione e per integrare il precedente atto del rifiuto di alcune parte di noi stessi, occorre intraprendere il viaggio verso la nostra ombra. Ciò significa passare attraverso il dolore e la paura della nostra storia passata.

Nyx, la Dèa Trifasica, le divinità lunari, la stessa Venere ci raccontano storie che sono state in gran parte omesse, censurate, scisse dalla loro natura per arrivarci quasi incontaminate o non hanno nessuna traccia sessuale come nel caso della simbologia moderna della Luna o flebile e pulita per quanto riguarda Venere.

Non vi è traccia nei classici astrologici, vuoi perché il collegamento con la mitologia è un collegamento dei tempi moderni, vuoi che i tempi storici non permettevano quest'analisi simbolica collegata alle origini del mito. Per l'astrologia classica tutto questo non esiste, è bene ricordarlo. Sono significati che trovano posto nell'astrologia moderna del XX secolo.

Le storie antiche della Luna e di Venere ci parlano di importanti questioni psicologiche che troviamo nel tempo di oggi: disordini alimentari, co-dipendenze, abusi sessuali sempre più crescenti nelle cronache, dipendenze emotive e affettive, famiglie disfunzionali, violenze domestiche, libertà sessuale prettamente istintiva e impulsiva alimentata dall'industria pornografica e da una mancanza di educazione sessuale, ruoli del femminile e del maschile talmente confusi che ha portato alla nascita del genere *gender*. Un'etichetta, quest'ultima, nata dalla Chiesa agli inizi degli anni 2000 con cui si affermava che gli uomini e le donne non hanno *"per natura"* lo stesso posto nel mondo. Ancora una volta la Chiesa si è operata nella sua lotta contro il femminile oltre a colpire gli omosessuali ritenuti inferiori alle persone eterosessuali per salvaguardare la *"famiglia"* e mantenere la donna nel suo ruolo di procreatrice e non libera sessualmente, rafforzando il ruolo del maschile all'interno della società.

La guarigione delle nostre relazioni è diventato l'aspetto più importante in questo momento storico e riguarda gli uomini quanto le donne.

La Dèa Oscura e l'ombra di Venere ci sfidano, ci spingono a raggiungere il picco della sensazioni erotiche, l'estasi per guarirci.

Loro emergono dal buio della notte, dalla notte di Nyx. Un territorio esplorabile solo se dotato di *senso* e di *significato* come lo fu un tempo con i loro riti e con la concezione del sacro.

Se vengono a mancare, l'esplorazione della sessualità all'interno dell'affettività diviene ancor più degradata, si sdoganerebbero comportamenti che non si è in grado né di gestire né di comprendere. Si finirebbe per alimentare comportamenti ancor più inferiori invece di procedere lungo la via dell'elevazione interiore. Venere, ricordiamo è *conoscenza*, conoscenza di se stessi attraverso l'amore che non è solo affettivo ma anche di appagamento fisico.

Se riflettiamo bene, la capacità della donna di provare diversi orgasmi rispetto all'uomo può avere un significato ancor più profondo che ci riporta alle origini del tempo antico.

La sua capacità multipla del piacere garantiva un flusso continuo di energia estatica sempre più potente nel contesto della ritualità e della sessualità sacra che veniva contenuta dall'uomo. Portava illuminazione, guarigione, rigenerazione, contatto con il divino, ampliamento della coscienza e stati di visione.

Chiediamoci perché la donna ha ricevuto in dono la potenzialità di avere orgasmi multipli rispetto a quelli dell'uomo. La natura non spreca le sue risorse e ancor meno il suo potenziale evolutivo.

E' l'indole umana a mettere freni, rallentare, bloccare, rimuovere, censurare aspetti della propria natura ritenuta socialmente e culturalmente non adeguata ai canoni accettati.

Amore e *passione*, son parole che troviamo nella letteratura erotica quanto nei testi mistici-religiosi, non è certo una casualità. Rappresentano l'unificazione delle due nature antiche della sessualità contestualizzata nell'ambito della *conoscenza*.

Per raggiungere l'integrazione, per attivare un processo di individuazione junghiana, l'incontro con l'ombra è un passaggio fondamentale per il cambiamento della psiche nell'unire la natura con la cultura, il primitivo con l'evoluto.

L'uomo deve rivedere l'immagine, l'idea della donna. Servirà distruggere il concetto che la identifica come sottomessa, passiva, dedita a servire il piacere dell'uomo, dedita alla procreazione e sostituirla con una nuova visione che la vede impetuosa, ardente, selvaggia, potente nella sua sessualità perché è libera e attiva quanto l'uomo e suo pari. Vedere tutto questo in un'unica donna unificando la *vergine-la madre-l'amante* nella propria psiche senza scinderle in tre tipologia di donne intese come la "donne per bene", adeguata come madre dei propri figli e, dall'altra parte, una donna con cui divertirsi o con cui poter esprimere l'impulso sessuale completamente decontestualizzato dal sacro che prevede una relazione con la donna e non un mero atto di soddisfazione egoica. Un uomo che lavora in modo consapevole in questa direzione lavora automaticamente anche nella ridefinizione del suo maschile, della sua identità così incerta e confusa come quella di oggi per ridefinirla. Questo permetterebbe far emergere nuove potenzialità maschili, un uomo nuovo.

La donna, da parte sua, dovrebbe recuperare la sua dimensione originaria che la vede completa, liberandosi dei tabù, della falsa morale ed esigere il suo diritto di nascita di essere integra nel suo potere, alla pari dell'uomo invece che tentare di uguagliarlo in termini professionali, di carriera, di affermazione e in comportamenti tipicamente maschili per raggiungere la parità senza avanzare rivendicazioni particolari. Una donna che lavora in questa direzione automaticamente ridefinirebbe il suo maschile interiore, quindi, si predispone anche ad un incontro esterno su basi differenti. L'amore romantico avrebbe altre connotazioni, sarebbe ridefinito e ripulito dalle illusioni e dalle false credenze culturali e sociali.

La parità è ottenuta attraverso le differenze e non le uguaglianze. Ognuno di noi è chiamato a ricomporre il proprio puzzle interiore.

Uomo e donna posseggono un identico cervello trino, ciò che

cambia è l'utilizzo del primitivo, dell'intermedio e del superiore che producono risultati differenti in virtù di una spinta fisiologica, psicologica e culturale diversa. Un tempo molto probabilmente operavano in pieno equilibrio in rapporto ad una simbologia culturale che parlava della Dèa come "una e trina". Lo era la Luna, lo era Venere fino alla scissione del loro significato che non poteva essere compatibile con la loro natura simbolica che conosciamo oggi, ancor più da un punto di vista astrologico dove si associa a Marte la sessualità. Tuttavia la sessualità di Marte non è un sentire interiore alla ricerca del benessere affettivo ed emotivo ma è una spinta esterna che può agire in connessione con Venere e la Luna quanto in sua assenza. Marte ci dirà sempre come esprimeremo e come agiremo, sia se collegato o no ai due pianeti. Possiamo dire che canalizza solo in parte l'energia sessuale in base alla prospettiva con cui stiamo analizzando la parte più nascosta della psiche e che, quindi, non è l'unico significatore e indicatore della nostra sessualità. Ricordiamo che nel mito, Marte aveva la sua migliore estasi con Venere, colei che esprimeva tutto ciò che a lui mancava. La loro unione era l'unione degli opposti e la gratificazione era completa, si nutrivano a vicenda raggiungendo il loro *ben-essere*.

Ma perché si sta dando tanta enfasi sugli argomenti che trattano la sessualità nel parlare della Luna e di Venere?

Perchè è l'esperienza più vicina e diretta che sperimentiamo.

Parlare delle qualità della divinità lunare come profetismo, veggenza, di magia, di onniscenza, di una divinità lunare maestra delle arti della divinazione, de mondi sotterranei, della morte e della rigenerazione, padrona di tutto ciò che vive di nascosto, fonte della vita, la saggezza che deriva dalla conoscenza dell'oscurità risulterebbe di difficile comprensione proprio perché non sperimentate. La sessualità è l'esperienza vissuta e sperimentata direttamente, quindi, di immediata comprensione.

Quando si parla di sessualità non si sta confinando ai margini l'amore. Ricordiamo che per Venere questi aspetti sono in relazione, sono bilanciati, sono uniti. Con la Luna è un canale emotivo di contatto per raggiungere livelli superiori. Quindi non si sta parlando di una sessualità impulsiva e istintiva che avvicina l'uomo più alla dimensione animale che non a quella divina. E' l'esatto contrario. E nello stesso tempo non si sta parlando neanche di Lilith che racchiude altri significati simbolici molti dei quali sono stati introdotti e assorbiti perché tolti da Venere e dalla Luna in quanto più "adeguata" ad accogliere gli aspetti più negativi da un punto di vista culturale del tempo storico.

C'è ancora molta confusione non solo su cosa sia attaccamento, emozione, sentimento, non solo non si riesce a distinguerli, non solo si confonde spesso l'innamoramento con l'amore, non si riesce neanche, il più delle volte a stabilire dei confini e capire in quale territorio ci troviamo nel momento in cui si è in relazione con una persona. Pensiamo di amare confondendo l'amore con l'attaccamento di una fase simbiotica lunare non ancora superata e/o con una Venere che non è ancora in grado di esprimersi se non per carenza o per eccesso.

L'astrologia, in questo, è maestra nel guidare e nell'indicare.

Uno studio attento della propria Luna e della propria Venere, comprendere la loro simbologia più profonda e antica unita allo studio delle conoscenze interdisciplinari quali la psicologia, gli studi di sessuologia, di terapia di coppia, tutto questo insieme aiuterebbe a comprendere meglio la propria natura che rimane unica e non uguale. Il processo di individuazione che ci racconta Jung ci spinge a diversificarci dagli altri integrando le nostre ombre più profonde, non ci spinge ad adeguarci ad una volontà esterno se non alla propria.

Credo che sia più sincero dire *"Ti desidero"* che un ipocrita *"Ti amo"* per poter soddisfare quel desiderio celato dietro a quelle due parole che fanno tanto sognare...grandi delusioni.

Nell'ottica in cui si sta trattando l'argomento, non significa dare sfogo ad un impulso primitivo fine a se stesso ma quanto, invece, a riconoscere la possibilità di vivere alla luce del sole, senza giudizi, morale e tabù, l'unione che ha come meta la scoperta di un incontro sacro alla pari in cui la dimensione dell'uomo, quanto quella della donna, ridefiniscono le proprie identità più elevate ed integre. Ciò garantirebbe autenticità, rapporti veri, liberi non dell'/dall'altro ma da se stessi perché si è integrata l'ombra durante questo processo di individuazione. Sono pochi oggi che possono sperimentare questi aspetti nell'ambito relazionale, in un rapporto che funzioni e sono molti che pensano di farlo ma senza riuscirci veramente. Non è facile, è difficile ma non impossibile.

Attualmente, non abbiamo un contesto culturale e sociale che possa garantire questo percorso. Fino a quando l'uomo non rivedrà la sua idea di donna che inevitabilmente lo riporterà a rivedere la sua identità e fino a quando la donna non si adopererà a recuperare il suo femminile con la naturale conseguenza a rivedere il ruolo del maschile, difficilmente ci potranno essere progressi nell'integrazione tra uomo e donna come individuai alla pari in tutto e per tutto.

Nel mito Venere cercava sempre Marte, Marte cercava sempre Venere. La loro era un'unione privilegiata perché si fondevano contemporaneamente tutte le dimensioni dell'amore e della sessualità e ne traevano il massimo beneficio. Con l'avvento delle divinità solari, Marte fa sua quella componente di Venere che in origine le apparteneva. Associava completamente a

Marte la simbologia e l'espressione della sessualità ma, contemporaneamente, tramandava il mito dell'unione tra Marte e Venere, quale debole traccia di quello che anticamente impersonificava la stessa Dèa: la conoscenza di se stessa avveniva non solo tramite l'amore ma anche tramite la sessualità più istintiva e selvaggia. Unendosi con Marte, non la disdegna, anzi, le procura piacere e ben-essere così come Marte sperimenta una dimensione superiore della sua indole naturale. Entrambi ne escono trasformati, cambiati e diversi.

Dèa trifasica, cervello trifasico, sessualità trifasica, i tre stadi evolutivi di Venere, la capacità della donna di avere più orgasmi rispetto all'uomo.

E' stato fatto un percorso mitologico, storico, psicologico, neurologico per evidenziare legami e relazioni con il significato simbolico della Luna e di Venere. Entrambe importanti sia per la donna quanto per l'uomo. Riscoprire, studiare, conoscere l'intero percorso evolutivo e il loro significato più profondo aiuterebbe entrambi a rivedere non solo la propria identità ma anche la loro dinamica relazionale.

L'astrologia, da questo punto di vista, è la via maestra per comprendere in profondità questi argomenti.

Con lo studio della simbologia, l'astrologia diventa mezzo e strumento per comprendere la propria Luna, la propria Venere

nonché il proprio Marte che permette di canalizzare esterna-
mente ciò che vive internamente in ognuno di noi.

Il contributo astrologico, se operato in quest'ottica, diventе-
rebbe da apripista per una ridefinizione dei ruoli del maschile e
del femminile attraverso un percorso consapevole.

Si avrebbe a disposizione una mappa per conoscere la propria
indole e, nello stesso tempo, saper che il nostro stesso partner
o le persone che incontriamo sono sullo stesso percorso a noi
conosciuto, ci può essere solo di beneficio. Saperlo, spinge-
rebbe a collaborare e ad aiutarsi insieme nell'esprimersi con
verità, autenticità la propria vera essenza e, molto probabilmente, i rapporti sarebbero più funzionali e gratificanti rispetto
alle disfunzioni e ai problemi attuali.

Vedremmo un uomo e una donna che sono alleati, fianco a
fianco nelle rispettive evoluzioni e non a combattersi a vicenda
per la supremazia, per la lotta di potere e di dominio.

Tutto questo andrebbe ben al di là del ritorno della visione matriarcale o al rafforzamento della posizione patriarcale perché
sarebbe, invece, il loro superamento verso qualcosa che non è
né l'uno né l'altro ma qualcosa che li trascende.

L'astrologia è neutra, non prende posizione, semplicemente indica una traccia da seguire per raggiungere la propria integrazione.

L'astrologia, applicata in questa trasformazioni dei ruoli, dovrebbe sperimentare nuove forme di interpretazione simbolica per poter essere d'aiuto in questo processo in modo da poter fornire quel tipo di conoscenza che permetterebbe ad ogni uomo e a ogni donna un percorso consapevole della propria identità.

Per farlo dovrebbe dotarsi di nuovi strumenti, di nuove conoscenze interdisciplinari per poter fornire una più ampia e più solida impalcatura in termini di valore, di significato e non limitarsi alla semplice esposizione descrittiva.

Mitologia, storia, psicologia, sessuologia, neurologia, scienze cognitive sono utili strumenti per allargare e per collegare una diversità di significati amalgamandoli in un'unica visione più estesa dell'interpretazione astrologica centrata sulla coppia e sull'individuo.

Capitolo dopo capitolo, si è tentato di ricomporre una visione multiforme della natura lunare e venusiana nell'ambito relazione. Si sono evidenziate aree e argomenti che, astrologicamente parlando, vengono trattati solo marginalmente quando, invece, hanno un ruolo significativo se si lasciassero emergere dalle barriere della morale, dei tabù e dai luoghi comuni e da ogni tipo di censura e rimozione.

L'astrologia ha il compito di far emergere ciò che nascondiamo e non di rafforzare le spinte culturali del tempo. Il sapere astrologico è fuori dal tempo e non si sottopone al suo giudizio. Il tema natale è limpido, chiaro, evidenzia lati luminosi quanto oscuri e li ritiene tutti funzionali al progetto di nascita, nessuno escluso e li contiene tutti contemporaneamente.

Oggi abbiamo un'astrologia di coppia che si limita a indicare e a interpretare gli aspetti planetari indicando punti di forza e punti di debolezza dei due individui. Lo fa bene ma non aiuta a far uscire dalle paludi culturali.

C'è ancora molta confusione non solo cosa sia attaccamento, emozione, sentimento, cosa è amore e cosa non lo è, si confonde l'attrazione con qualcos'altro. L'astrologia può aiutare a chiarire tutti questi confini e sapere dove ci si trova, ci aiuta a saper dire *"si"* quando è *"si"* e *"no"* quando è *"no"* invece di interpretare un ruolo passivo in cui spesso si afferma un *"si"* quando è profondo e intimo *"no"* e viceversa.

L'astrologia dovrebbe fare di più in proposito, dovrebbe offrire una visione più estesa e contribuire a chiarire anche aspetti multi-disciplinari attraverso pubblicazioni più mirate e diverse da quelle attuali.

Nei tempi moderni l'astrologia non può limitarsi a fare solo astrologia, deve espandersi e cambiare come sta cambiando il mondo intorno a noi ma questo è compito dell'astrologo e dell'astrologa che non dell'astrologia stessa.

La complessità attuale, che ha la tendenza di moltiplicarsi ancor di più nel futuro, richiede una capacità diversa da parte dell'astrologia nell'essere d'aiuto e da guida agli individui del XXI secolo e oltre.

Spesso sentiamo e leggiamo che Venere indica i nostri "valori".

Ma che cosa s'intende?

S'intende l'importanza che viene data a qualcosa, materiale o astratta che sia, a livello personale quanto collettivo.

I valori sono espressione di un *"significato"*. Significato che si cerca in tutte le cose per stabilire un grado di importanza che hanno per noi. La sessualità rientra nel repertorio dei *"valori"* di Venere, lei è la sua messaggera se la si presenta in modo integro, altrimenti rimane l'identificazione dell'idea nata con le divinità olimpiche maschili e del patriarcato nonché religiose: l'amore non contaminato dalla sessualità che ha una natura differente rispetto all'erotismo.

E' preferibile raccontare di una Dèa che ha avuto tanti "amori" invece che definirli esperienze sessuali, sacre, dedite al raggiungimento dell'estasi divina che porta guarigione, rigenerazione, illuminazione ed esperienza del divino alla Dèa quanto ai suoi amanti che erano sia umani che di stirpe divina, senza distinzione.

Amore, erotismo e sessualità son "valori" venusiani, non scissi ma unificati alla ricerca del "ben-essere".

Concludo con una riflessione: *una donna nasce da una donna, un uomo nasce da una donna.* Una riflessione che sembra messa qui a caso e che sembra scollegata da tutto quello che si è detto finora ma che, in realtà, racchiude molti significati fin qui trattati.

Conclusioni

Non può esistere una vera "armonia" se non siamo in grado di portare fuori quello che abbiamo dentro e, soprattutto, non possiamo essere felici e gratificati se dobbiamo amputare ciò che siamo per compiacere il partner e preservare un precario equilibrio che non è funzionale alla coppia. Significa semplicemente che qualcosa non va, non solo in noi ma anche nella relazione.

Il dettame di Venere è semplice quanto complicato: il benessere è l'allineamento tra *pensare, dire e fare* senza temere le conseguenze, senza temere l'abbandono, la perdita e il dolore che tendiamo, invece, a fuggire da esso. Si attuano tutta una serie di meccanismi per eluderlo non sapendo il costo che verrà pagato nel futuro per questa "scelta" a posticipare.

Quando vediamo noi stessi, in modo consapevole, ci accettiamo nei limiti e nelle potenzialità. Riconosciamo di essere imperfetti ma che possiamo migliorare. Ecco allora che diventa più facile accogliere il partner che ha visto se stesso e che cerca come noi di essere vero e autentico nella sua natura più profonda. In questo *"progetto"* si diventa alleati e complici. Una "scelta" che Venere richiede è proprio questa: fare la "scelta" di una progettualità condivisa per il proprio benessere. Una scelta dichiarata ed espressa in modo consapevole e intenzionale.

La domanda a questo punto può diventare: concediamo, in questo modo, il nostro potere personale al partner?

Il sospetto, profondamente radicato dentro di noi, è solo uno: *non poter essere amati per quello che siamo.*

Avere questa sensazione è già segnale che, indipendentemente da quello che si possa pensare, la propria Venere non sta funzionando come dovrebbe e che non si è ancora nella sua sfera di dominio. Si è ancora nella periferia e, si potrebbe anche dire, che la si sta usando nei minimi termini e nei suoi stadi evolutivi inferiori visti in precedenza.

La credenza personale di *non essere amati per quello che siamo* non solo rende complicato il processo di avere un valore personale (Venere) con la caduta della propria auto-stima ma diventa difficile anche poter credere e aver fiducia negli altri e, in generale, nella stessa vita. Ha la potenza di sabotare qualsiasi relazione.

Avere questa intima convinzione, mina la nostra capacità di poter fare le scelte giuste che ci possano condurre al benessere affettivo e relazionale. Ci porta al conflitto e tutti i problemi relazionali si possono sintetizzare in quest'unica convinzione: *"Se mi mostro come sono, non mi amerà più"*.

Un'eco che proviene da un lontano passato quando, nell'età infantile (sfera lunare), per avere amore abbiamo eliminato quelle parti di noi che creavano l'allontanamento e non l'avvicinamento dell'amore genitoriale. E' una storia che conosciamo fin troppo bene, una storia forse dimenticata ma ben impressa nel nostro inconscio. Il nostro partner è lì davanti a noi, lui/lei è il nostro alleato ma mascherato dalle nostre paure come un nuovo nemico da cui bisognerà difendersi e proteggersi. A volte si userà l'aggressività, altre volte il silenzio, altre volte ancora il ricatto e la manipolazione, a volte il biasimo, il rancore, il risentimento, la vendetta e il tradimento o la fuga. Della "gioia" non c'è più traccia se non il suo ricordo o è stata contaminata e appare diversa, trasformata in chissà cosa.

Tutto questo ci dice che siamo ancora sotto l'influsso lunare e al primo o al secondo stadio evolutivo di Venere e che siamo ancora ben lontani dalla meta finale.

La vera ferita del cuore che ognuno di noi protegge e nasconde è il profondo desiderio che è stato eluso fin dall'inizio del nostro viaggio: *essere amati per ciò che siamo veramente.*

Non importa di quanto profondamente ci potremmo innamorare di qualcuno, tenderemo inconsciamente a vedere sempre il nostro partner come nemico e non come alleato. Come alleato, ci aiuterebbe a sovvertire questa convinzione, sarebbe la luce che illumina le nostre ombre nascoste negli angoli bui e profondi.

Si dimentica spesso, che il partner è ferito quanto noi e fa le stesse cose che facciamo noi e che il suo unico desiderio è identico alla nostra più profonda speranza.

Ma si tenderà a diventare nemici e non alleati nel personalissimo viaggio delle proprie ombre interiori per recuperare quei frammenti di noi stessi che abbiamo eliminato per poter essere accettati e amati in un lontano passato.

Ombre che sono prima di tutto archetipiche. Abbiamo visto all'inizio che la Luna quanto Venere hanno subito la scissione di diversi aspetti della propria essenza. Nel tempo sono state mantenute qualità consone mentre le altre hanno visto la nascita di altre divinità che le potessero personificare senza intaccare la loro natura immacolata. Pensiamo solo a Lilith.

Si poteva immaginare una Luna contaminata dall'oscurità, dalla sua componente fortemente sessuale?

Si poteva immaginare la Dèa dell'Amore, Afrodite-Venere, come il potere del femminile unito al maschile attraverso la sessualità sacra per raggiungere e sperimentare l'Amore Divino?

La visione patriarcale ha modificato completamente la simbologia che per millenni era radicata in ben altre radici che, oggi, non abbiamo per niente perduto. Sopravvive silenziosa nel nostro inconscio e si fa strada per manifestarsi a livello cosciente. Basta osservare il mondo intorno a noi, basta anche una veloce lettura di testi specializzati in merito alla terapia di coppia e alla sessualità. Il messaggio che portano è ben visibile senza aver letto l'intera letteratura sull'argomento: le relazioni affettive sono in piena trasformazione, i ruoli stanno subendo una metamorfosi e, soprattutto, la sessualità sta diventando il perno su cui ruotano tutte le problematiche e le trasformazioni che sono in atto nella società contemporanea che si sta secolarizzando.

Per Venere, la sessualità, l'atto erotico è un "valore" di suprema importanza per il suo *ben-essere*. Lo vive e lo dona, pienamente, totalmente, liberamente.

Nel Mito, la Dèa era sì sposa ma aveva, possiamo dire oggi, una mentalità da *single*. Aveva numerosissimi amanti, numerose relazioni. Tuttavia, faceva sempre ritorno da Marte, espressione di una sessualità istintiva quasi a 'bilanciare' l'indole di una sessualità amorosa che rappresentava.

Possiamo dire, da questo punto di vista, che Venere ci guida a identificare e a dare un *"valore"* alla nostra sessualità e Marte ci guida ad *"agire"* in tale direzione e non lasciato libero nel suo mondo dell'istinto.

Venere oggi è conosciuta sempre con un unico significato:

quello dell'amore, delle relazioni, dei valori, dei gusti. Non si trovano descrizione e interpretazioni in merito al "valore della sessualità". Si tende a parlare di sesso solo in riferimento a Marte.

Ma il mito ci racconta un'altra storia che è stata omessa, forse, censurata.

Venere, la Dèa della bellezza. Marte, divinità rozza, violenta, aggressiva. Due poli opposti. Opposti che si attraggono irrimediabilmente, fatalmente.

Se Venere, espressione di una sessualità erotica, andava a cercare sempre Marte, espressione di una sessualità istintiva, qualcosa vorrà dire e che la nostra coscienza non accetta per via di un retaggio culturale. Marte veniva trasfigurato da Venere!

La sessualità è la prima forza primordiale, in essa si celano i misteri della vita.

Spesso nelle relazioni affettive, si fanno risalire i propri malumori e insoddisfazioni, alle incomprensioni, all'incompatibilità di carattere, alle divergenze di opinioni e quant'altro. Tematiche di cui si può parlare tranquillamente con tutti senza problemi per giustificare la propria storia affettiva.

Ma se si indaga bene e se si è onesti profondamente con se stessi e se si fa un atto di consapevolezza, si scopre che è la sfera dell'intimità della coppia a non funzionare di cui non si tende a parlare o a condividere con pochi.

La Venere di entrambi, tra le altre cose, non avrà aiutato a fornire un *"valore"* significativo, non avrà offerto un *'contenuto'* di valore al *'contenitore'* offerto da Marte.

Cosa significa in poche parole? Significa capire quell'indefinibile sensazione che si prova quando si percepisce la mancanza di un *"qualcosa"*. Un qualcosa che si tende a eludere ma che si percepisce e che si scambia con qualcos'altro.

Nel mito, erotismo ed istinto, coesistono e si cercano costantemente. L'unione di Venere-Marte diventa il sigillo di questa unità ritrovata.

Per ritrovarla occorre recuperare anche l'ombra della Luna, l'emozione. Anche l'astro notturno nell'antichità onorava la sessualità, anch'esso era un atto arricchito da valenze e da significati sacri.

Lavorare sulla propria Venere, significa lavorare per portare alla luce e strappare dall'ombra la dignità e il proprio diritto al benessere riconducibile dalla sessualità.

Una Venere che insegna a scoprire un *"valore"* per esprimerlo, poi, liberamente in modo autentico dando forma ad ogni desiderio, spesso sognato ma difficilmente attuato nella sua totalità. Sarà poi Marte a realizzare la nostra conquista di Venere quando saremo arrivati al suo terzo stadio evolutivo. Avremmo recuperato fiducia, autostima, valore personale, avremo compreso le nostre più profonde e vere necessità per conseguire il nostro benessere. Per fare tutto questo non si può non pensare alla sessualità, comprenderla nella sua interezza, rivedendo il suo significato e il suo contributo alla nostra crescita quale via di conoscenza attraverso il partner.

Venere è aria, l'aria è un elemento collegato all'intelletto. Venere è figlia di Urano, colui che sovverte l'ordine e porta nuova conoscenza, quello che ancora non si è conosciuto liberandosi di tabù e di facili moralismi per scoprire nuove opportunità, nuove prospettive, nuovi significati sulla vita.

Il processo che riguarda la comprensione del proprio valore che viene dato alla sessualità è un processo prima di tutto mentale, razionale perché la natura di Venere è una natura intellettuale, non emotiva e vive di un unico sentimento: quello dell'amore inteso come unione di tutte le polarità.

Sembra difficile poter conciliare una dicotomia interiore tra un'intimità vissuta con erotismo e con istinto ma diventano un mix in cui non sono più né l'una né l'altra ma qualcos'altro. Sembrano contraddirsi invece che completarsi eppure Venere aveva le sue migliori relazioni con Marte.

Spesso ci troviamo a vivere queste due componenti con partner che ora rappresentano un aspetto e ora l'altro, rare volte insieme. Così come spesso viene censurata completamente non solo la parte marziana ma anche quella venusiana per viversi un'intimità tipicamente lunare, esclusivamente ricettiva e passiva nonché compiacente.

Sono archetipi che richiedono una profonda comprensione per poterli manifestare. Da questo punto di vista, diventerebbe facile quanto comprensivo poter tentare di spiegare la dinamica dei tradimenti all'interno di una relazione, diventerebbe possibile un'interpretazione più significativa anche nel capire perché continuano ad esistere i fenomeni della prostituzione, della pornografia casi estremi di repressione dell'energia sessuale.

Sono manifestazioni che gli archetipi non stanno funzionando come dovrebbero se non nei loro stadi inferiori.

Luna e Venere, dunque.

Passare dalla simbiosi alla relazione è un lungo processo che richiederà anni, forse tutta la vita o, forse ancora, non sarà mai completato o neanche iniziato. Il tal caso, diventerebbe anche complicato la comprensione di queste sfaccettature e manifestazioni della Luna, di Venere e, a seguire, di Marte. Semplicemente, sarebbero troppo lontane dal proprio modo di vedere di pensare che risulterebbero fuori luogo.

L'astrologia, in tal senso, aiuta in questo processo di comprensione che riguarda la donna quanto l'uomo. Entrambi sono chiamati a ridefinire, a rivedere il proprio significato e valore in molte tematiche che riguardano la relazione affettiva per potersi ritrovare alleati e non nemici, per aiutarsi a guarire la ferita del cuore, quella ferita che si fa continuamente sentire come un eco: *"ho paura di non essere amato/a per ciò che sono veramente"*.

L'alleato ci aiuta a trasformare la paura con il desiderio di poter dire: *"sono amato/a per ciò che sono veramente"*.

Un ribaltamento di significato possibile solo per Venere, figlia di Urano.

Non più dipendenza, non più indipendenza ma *interdipendenza*, dove l'"io" vive nel "noi" in una spazio condiviso ma conservando il proprio. Incontrarsi e separarsi, in una danza continua in cui lo spazio dell'io non subisce intrusioni da parte del noi e viceversa. Imparare l'arte dell'equilibrio, del bilanciamento delle due forze richiama inevitabilmente alla Venere del segno della Bilancia e della VII^ casa. E' un'arte che si impara con l'esperienza degli errori e dei fallimenti nel tentativo di equilibrare i tre spazi: quello della coppia e quelli dei due partner che conservano una propria dimensione e una propria identità.

Concetto fondamentale dell'insegnamento junghiano è l'*"indi-*

viduazione".

Per Jung l'individuazione simboleggia la realizzazione personale, individuarsi significa diventare un essere *non-diviso*, ovvero, attuare pienamente il proprio Sè.

Il percorso di individuazione è per lo più inconscio e corrisponde alla messa in atto di tutte quelle qualità che un individuo può realizzare spontaneamente.

Buona parte di questo viaggio avviene attraverso la relazione e, quindi, proprio attraverso l'amore e i partners che, via via, entreranno nella nostra vita, afficreranno le parti di noi più profonde, quelle che sono state relegate nel fondo della nostra psiche ma che, tuttavia, potranno regalarci, esperienza dopo esperienza, il senso di completezza e di integrità cercata inizialmente nei modelli lunari di simbiosi ma per poi realizzarsi, nelle sue fasi iniziali, con nuovi modelli venusiani partendo da se stessi attraverso l'altro. Ovviamente, si presenteranno situazioni miste con continui flussi e riflussi da persona a persona. Si cerca di generalizzare una dinamica relazionale affinchè si possano individuare contesti significativi e utili per la comprensione di un mondo così complesso come quello degli affetti.

L'identità passa attraverso varie identificazioni e differenziazioni che hanno lo scopo di renderci padroni delle nostre risorse interiori, quelle che conosciamo e quelle che non conosciamo ancora.

Il processo di individuazione, incomincia nel momento in cui ci rendiamo conto e ammettiamo che c'è qualcosa da recuperare nella nostra identità, quella più vera e autentica.

L'individuazione si gioca costantemente sull'equilibrio di due funzioni: la capacità e la volontà di separazione (=*perdita, quindi, dolore*) e di appartenenza (=*unione, quindi, completezza*). L'equilibrio che saremo in grado di costruire e strutturare tra queste due funzioni, ci aiuterà a conseguire un maggior grado di espressione autentica.

La separazione è una funzione caratterizzata da un paradosso: da una parte siamo separati dal mondo, dalle persone che ci circondano ma dall'altra non possiamo mai dirci veramente separati, rimane sempre un legame relazionale.

Il processo di individuazione comporta, quindi, la *"separazione da"*, equivalente alle dinamiche venusiane e l'*"appartenenza a"*, equivalente alle dinamiche lunari.

La perdita è anche l'esperienza intorno alla quale si tende contemporaneamente a ripristinare il bisogno di appartenenza. Viviamo costantemente un processo di *separazione-perdita-incontro* con gli altri e il nostro ambiente.

Il percorso di individuazione, nell'ambito relazionale, inevitabilmente produrrà un viaggio tra perdita, dolore della separazione e incontro per il desiderio di appartenenza attraverso un percorso individuale di differenziazione con il proprio partner.

Lo sviluppo della personalità passa attraverso il ripetuto confronto con il *conflitto* e la *contraddittorietà*.

Jung, parlando di evoluzione umana, si riferisce a due concetti, a due modalità specifiche e complementari: una è la volontà cosciente dell'Io, l'altra è l'impulso vitale del Sè.

Il Sè incarna la contraddittorietà e il paradosso perchè contiene TUTTO.

Chi si interroga si trova a dover affrontare quei vissuti laceranti che il conflitto porta in sè perchè accettare la contraddittorietà significa accettare le due facce del divino: la sua infinita bontà ma anche la sua assurda tirannia.

Chi intraprende una qualsiasi via di conoscenza è spinto da un'inderogabile necessità interiore. Necessità che si deve sposare con la volontà cosciente per poter dire un sincero "si": il Sè incalza l'individuo a procedere e l'Io dà il consenso.

Ma il processo d'Individuazione non è gentile e non agisce secondo la nostra volontà, non ci chiede il permesso di "strapazzarci" e di rivoltarci come un calzino. Lo fa senza chiedere.

E' la tirannia del Sè: noi ci potremo affidare oppure ribellare, ma sempre saremo la sua preda quanto suoi prigionieri.

Qualunque cosa esso sia non ci darà tregua sino a che non gli daremo ascolto, sino a che non l'avremo visto e patito fino in fondo per poterlo, finalmente, trasformare in parola e tesoro per noi stessi e, quindi, per l'umanità.

L'evoluzione verso una maggior consapevolezza è un cammino lento e tortuoso che passa spesso attraverso la lacerazione e il confronto con l'assurdo, il *non-senso* e mille paradossi.

L'Io che emerge dal processo di individuazione esce dal conflitto individuale/sociale e si riconosce come portatore di un progetto.

L'idea junghiana si manifesta con intensità nel nostro processo affettivo che ci deve condurre dalla simbiosi di origine infantile alla relazione adulta. Una relazione che non crei dipendenza emotiva/affettiva né tanto meno un'indipendenza ma un'interdipendenza basata sull'equilibrio dinamico tra autonomia personale e dipendenza, tra separazione e appartenenza, nel trovarsi e nel perdersi perché un "Noi" non può esistere senza la presenza di due individualità autonome e non fuse.

Essere autonomi significa stare bene con se stessi che è la base per avere una relazione di sostegno reciproco imparando dalla rispettiva diversità. Tutti concetti che esprime una Venere matura che porta a un livello superiore anche la componente lunare.

I partner hanno un compito condiviso, un progetto ben definito: esprimere se stessi in modo autentico e non di fondersi .

Il motivo? Solo uno: per *"sentirsi amati per ciò che si è veramente"* guarendo la ferita del cuore invece di alimentare il suo
dolore, storia dopo storia, illusione dopo illusione e ripetersi
all'infinito che *"non sarò amato/a per quello che sono se mi
mostro nella mia autenticità e verità".*

La scelta (=Venere) del finale è e sarà sempre nostra e non di
chi ci è davanti.

Bibliografia

-Károly Kerényi, Gli dei e gli eroi della Grecia. Il racconto del mito, la nascita delle civiltà, Milano, Il Saggiatore, 2009
-Károly Kerényi, Miti e misteri, Bollati Boringhieri, 2010
-Platone, Simposio, a cura di Giovanni Reale, testo critico di John Burnet, Milano, Mondatori, 2007
-James Hillman, La giustizia di Afrodite, Capri, La Conchiglia, 2008
-Roberto Sicuteri, Astrologia e mito, Roma, Astrolabio, 1978
-Marsilio Ficino, El libro dell'amore, a cura di Sandra Niccoli, Firenze, L. S. Olschki, 1987
-Guido Cavalcanti, Le rime, a cura di Guido Favati, Milano, Ricciardi, 1957
-Esiodo, Le Opere e i Giorni - Teogonia, a cura di Bruno Mastica, Giredit, 2012
-Inni Orfici, G. Ricciardelli, Mondadori, 2000
-Robert Graves, I miti greci, Il Cammeo, 1992
-Gabriele La Porta, Dizionario dell'inconscio e della magia, Sperling & Kupfer, 2008
-Michael Maier, Atalanta Fugiens, Ed. Mediterranee, 2012
-Oswald Wirth, Il Simbolismo astrologico, Atanor, 1996
-Aldo Carotenuto, Integrazione della Personalità, Bompiani, 2007
-Laura Rangoni, La Grande Madre, Xenia, 2005
-M. Esther Harding, Woman's Mysteries, RIDER CO; New Ed edition, 1989
-Nancy Qualls-Corbett, The Sacred Prostitute, Inner City Books, 1988
-Ambrogio Donini, Breve storia delle religioni, Newton Compton, 2010
-C.G. Jung, Tipi psicologici, Boringhieri, 2011
-L. Fassio, Simbologia della Luna, Spazio Interiore, 2013
-L. Fassio, I nostri simboli interiori, Spazio Interiore, 2013

-Demetra George, Mysteries of the Dark Moon: Healing Power of the Dark Goddess, Bravo Ltd Reissue Edition, 1992
-Monaghan P., Figure di Donna nei Miti e nelle Leggende, Red, Milano 2004
-Neuburger R., La coppia. Il suo mito, il suo terapeuta, Franco Angeli Editore, Milano, 2001
-Sternberg R.J., A triangular theory of love, Psychological Review, N° 93, pp. 119-135, 1986
-Bowlby J., Attaccamento e perdita, Bollati Boringhieri, vol. 1, Torino, 1969
-Bowlby J., Costruzione e rottura dei legami affettivi, Raffaello Cortina Editore, Milano, 1982
-Psicologia del rapporto amoroso. La teoria triangolare di Sternberg: un approccio cognitivo, di F. Morino Abbele, P. Cavallero, G. Ferrari, Guerini Scientifica, 2005
- Essere insieme. Terapia integrata della coppia amorosa, Edoardo Giusti, Anna Pitrone, Sovera Edizioni, 2010
-Paul MacLean, Evoluzione del cervello e comportamento umano, Einaudi, 1984

Pubblicazioni dell'autore disponibili su Amazon:

Racconti:
2018 – Follia, Vol. I
2018 – Red Room, Vol. I
2019 – Argo[n]

Sito web: www.argowords.wordpress.com

Astrologia:
2019 – Luna-Venere: dalla simbiosi alla relazione.

Pubblicazioni in corso d'opera di Astrologia Mondiale:
2020 – Universis: il codice del tempo *(disponibile dal 02.02.20202)*
2020 – Universis 2020-2219: evento economico.
2021 – Universis 2020-2219: evento pandemico.
2020-2024 altre pubblicazioni tematiche su Universis.

Pubblicazione in corso d'opera di Astrologia:
2024 – Astrologia 2.0 *(disponibile dal 1° gennaio 2024)*

Sito web: www.ilnuovospiritodeltempo.wordpress.com

Saggio:
2019 – Problem Space: analisi epistemologica, cognitiva, sociologica

Astrologia Mondiale 2.0

Anticipazione - Universis: il codice del tempo.

Disponibile on-line dal 02.02.2020.
Il libro è già pronto ma verrà pubblicato a pochi mesi dall'inizio
della nuova Triplicità d'Aria dopo 200 anni di Triplicità di Terra
caratterizzata dal "materialismo". Dopo quasi 1000 anni, si en-
trerà in una nuova fase di natura "mentale", un nuovo periodo

storico, un "Nuovo Spirito del Tempo".

Quarta di copertina.

Fin dall'antichità, l'uomo ha sondato i cieli alla ricerca di un ordine e di una legge universale per prevedere il futuro. Guerre, carestie, regnanti, sorti delle dinastie, profeti e religioni decretavano il destino dei popoli. Nel mondo arabo, secoli or sono, prese vita la Teoria della congiunzione di Giove-Saturno, considerati i due grandi cronocratori della storia umana. Gli astrologi arabi Masallah, al-Kindi e, soprattutto, Albumasar con De Magnis Coniunctionibus crearono le basi di una letteratura astrologica che si proponeva di spiegare gli eventi storici alla luce di fenomeni celesti dei due pianeti. Universis parte da queste origini ed evolve il modello in una differente prospettiva del Ciclo delle Triplicità che si susseguono nel tempo. Fuoco, Terra, Aria e Acqua diventano un codice del tempo fatto di relazioni e di connessioni tra il passato e il futuro. Lo fa attraverso una rappresentazione del Tempo Sferico che unisce il tempo ciclico e il tempo lineare della storia. Il modello di ricerca si sviluppa su 5 Livelli, si avvale di un corpus teorico multidisciplinare dove le nozioni di fisica, di matematica, di geometria, di sociologia, di filosofia vengono utilizzati e tradotti in chiave astrologica per poter ampliare e per rinnovare la Teoria della congiunzione

Giove-Saturno all'interno dell'Astrologia Mondiale. Nella prima parte teorica del libro, si analizzeranno le origini storiche, si affronteranno argomenti di diversa natura, si accompagnerà il lettore attraverso la comprensione dei cinque livelli, si analizzeranno i modelli di ricerca nell'ambito scientifico e astrologico, la ricerca sul Grande Anno, si introdurranno nuovi concetti utili non solo per la ricerca storica ma anche per poter creare uno spostamento del focus mentale per indirizzarlo verso una nuova direzione. Nella seconda parte, si unificherà Universis con i Cicli Planetari di Andrè Barbault per ampliare e rafforzare una visione storica basata sul periodico alternarsi della Nuova Anima del Tempo. Si analizzeranno gli eventi storici in base al Ciclo delle Triplicità in una visione storica non più lineare o ciclica ma basata su un Tempo Sferico che produce una relazione tra il nostro passato e il nostro futuro non determinato ma probabile. Universis è al suo stadio nascente, è in piena formulazione ma evidenzia già dei risultati significativi.

Universis è un progetto di ricerca che si basa sull'interdisciplinarietà: matematica, geometria, filosofia della scienza, fisica moderna, scienza cognitiva, storia, astronomia, cosmologia, passeremo da Empedocle a Stephen Hawking con il contributo di molti altri autori.

*** Un breve estratto del libro ***

Teoria delle congiunzioni Giove-Saturno: cenni storici.

La formulazione della teoria delle grandi congiunzioni astrali risale alla tradizione arabo-islamica che sviluppa la dottrina che per secoli travaglierà la società, la politica e la religione.

I principali autori, in lingua araba, si devono considerare: l'astrologo ebreo, di origine egiziana, Masallah (762-815), il famoso filosofo musulmano al-Kindi (801 circa - 866 circa) e il suo discepolo Albumasar (787 – 866).

È una concezione naturalistica e deterministica della storia con le sue rivelazioni delle ferree leggi della natura. Fa dipendere, infatti, da cause naturali i grandi eventi della storia, la nascita e la fine di imperi, dei popoli e delle civiltà, nonchè l'avvento e il tramonto di religioni.

La teoria si basa sulle congiunzioni Giove-Saturno che avvengono all'incirca ogni 20 anni e si susseguono, nello zodiaco, in un ordine ben preciso. Si passa da una triplicità (fuoco, terra, aria, acqua) all'altra.

Il cambiamento di elemento in una serie (ogni 200 anni circa) è noto come *Trigonalis* e, dai tempi antichi, è considerato come il segno distintivo di un epocale cambiamento sociale e politico. Viene chiamato, invece, *Specialis* il ciclo minore della durata di 20 anni all'interno dello stesso elemento ma in un segno differente.

Gli elementi fondamentali della teoria sono:

- *congiunzione Giove-Saturno;*

- *triplicità;*

- *equinozio di primavera;*

- *calcolo delle carte celesti;*

- *congiunzione Saturno-Marte;*

- *le eclissi.*

L'uso a fini politici delle congiunzioni non ha evitato all'astrologia mondiale di essere soggetta, come tutta l'astrologia, al duro attacco da parte dei filosofi e dei teologi nel corso dei secoli e nelle diverse epoche, fin dalla sua nascita.

Con le sue previsioni, infrangeva i dogmi religiosi come il libero arbitrio con il concetto della predestinazione, arrecava danno alle dinastie e, quindi, era da bandire.

Affronteremo i cenni storici riportando una sintesi degli studi dell'astrologo classico Benjamin N. Dykes in *"Astrology of the World vol.II: Revolutions & History"*, di Stefano Buscherini in *"La Teoria delle congiunzioni Giove-Saturno tra Tardo Antico e Alto Medioevo"* del Dipartimento di Storia presso l'Università di Bologna, di Graziella Federici Vescovini *con "La storia astro-*

logica universale: l'oroscopo delle religioni tra Medioevo e Rinascimento" del Dipartimento di Scienze dell'Educazione dell'Università di Firenze e, non per ultimo *"La piccola introduzione alla scienza degli astri"* dello stesso Albumasar tradotto da Franco Martarello.

Con gli autori ci faremo strada nei sentieri della storia che ha coinvolto la Teoria delle Congiunzioni conosciuta anche come il Libro delle Dinastie e delle Religioni, verrà sintetizzato il pensiero degli autori, vedremo l'impatto significativo della teoria che ha avuto non solo nel campo astrologico ma anche a livello storico, quindi a livello politico, religioso e sociale attraverso i secoli arrivando fino a noi, quasi inalterata dalla sua nascita.

La storia ha inizio con al-Kindi che diede una solida fondazione fisica e teologica all'astrologia del tempo.

Secondo la sua teoria, le congiunzioni planetarie nei segni rappresentano una sorta di oroscopo del mondo e non hanno quindi significato per i casi individuali, ma lo era per i grandi eventi della storia universale, soprattutto per l'avvicendarsi di regni e religioni. Egli fu il primo a formularla, scritta in una lettera sulla durata dell'impero arabo.

Il Medioevo si è appoggiato all'opera di al-Kindi con i suoi trattati di astro-meteorologia ma la teoria delle grandi congiunzioni fu conosciuta in Europa attraverso l'opera di Albumasar, l'erede di varie culture: quella sasanide, aristotelica, tolemaica, indiana, iraniana e dei testi antichi arabi, sintetizza F. Martorello nella prefazione a *"La piccola introduzione alla scienza degli astri"* di Albumasar.

Confluiscono in lui le conoscenze dei suoi predecessori: Masallah e dello stesso al-Kindi. Può essere considerato colui che riorganizzò tutta la teoria delle congiunzioni grazie agli studi che erano stati fatti in precedenza dando una struttura semplice ma completa all'intera teoria.

La periodicità del ciclo Giove-Saturno permetteva di assumerli come punto di riferimento non solo per la lettura dei grandi eventi naturali (terremoti, maremoti, siccità, pestilenze) ma anche per la costruzione di un'astrologia storica. I due pianeti fornivano uno schema semplice nella scansione degli eventi umani.

Ogni annata cosmica veniva divisa in 4 stagioni o triangoli nell'ordine seguente: fuoco, terra, aria, acqua ed ogni singolo triangolo aveva la durata 197 anni. L'annata cosmica incomincia con una congiunzione nel primo triangolo, quello di fuoco, e finisce con una congiunzione nell'ultimo, quello dell'acqua viene riportato da Peuckert nel libro *"L'Astrologia"*.

Masallah e Albumasar , collegandosi all'Almagesto di Tolomeo rielaborando una tecnica ancor più raffinata e complessa rispetto a questa opera, contaminarono le conoscenze di quel tempo con le tecniche astrologiche orientali, indiane e persiane.

Tolomeo consacra diversi capitoli del Tetrabiblos all'analisi delle eclissi, considerandole di basilare importanza nell'Astrologia Mondiale che furono riprese da Albumasar.

Partiamo da Masallah.

L'astrologo arabo, studiato in maniera approfondita da Pingree, cerca di integrare la teoria sasanide dei cicli del tempo del mondo all'interno dell'astrologia mondiale di Tolomeo senza contraddirla, ma completandola. Egli mette in relazione i due pianeti alle diverse regioni della terra, introducendo quindi anche una geografia astrologica. Masallah non introduce il calcolo delle triplicità pur conoscendole, come farà Albumasar e così non scandisce i periodi delle congiunzioni massime, maggiori, medie e piccole come farà il suo successore, secondo i periodi delle triplicità che per Albumasar sono di 20, 120, 240 e 960 anni che è la congiunzione massima che per approssimazione misura il millennio. Pertanto la definizione di massima, maggiore, media e piccola varia a seconda che si tratti di una congiunzione di Saturno e Giove all'interno della stessa triplicità, oppure al passaggio in una nuova triplicità, secondo questi periodi stabiliti.

Nell'astrologia di Masallah si fa uso dei segni per la definizione temporale di un evento, così come al-Kindi.

Masallah ricostruisce la storia del mondo attraverso 16 oroscopi eretti all'equinozio di primavera dell'anno in cui avviene la congiunzione Giove-Saturno. Solo uno non rispetta questa regola: l'oroscopo della nascita di Gesù Cristo.

L'opera dell'astrologo arabo è la prima testimonianza dell'uso della teoria non solo come strumento di predizione ma anche come strumento nello studio dei vari passaggi dei millenni all'interno di un grande Anno Cosmico.

Albumasar inserì nella teoria anche le congiunzioni Marte-Saturno nate con al-Kindi e l'uso dell'oroscopo dell'ascesa al trono del sovrano come strumento fondamentale della teoria delle congiunzioni.

Egli volle aggregare in un unico sistema la tradizione tolemaica e quella sasanide, dare un aspetto uniforme e un'organizzazione all'intera dottrina delle congiunzioni.

Tramite le eclissi tolemaiche e le congiunzioni sasanide cercò di dare un ordine al tempo e alla storia per spiegare il nascere e il perire dei regni e soprattutto delle religioni, dei cataclismi e i diluvi universali.

La teoria congiunzionista produsse numerosi commenti e interpretazioni, coinvolse anche alcuni dotti e sapienti delle tre grandi religioni in quanto interessati a anticipare il futuro delle profezie che essa annunciava a discapito della loro sopravvivenza.

"[...] I teologi musulmani non si curavano molto delle scienze (astrologiche) che parevano non aver rapporti con il contenuto religioso dell'Islam [...] nei suoi scritti non fa menzione ad eventuali impedimenti religiosi verso l'astrologia [...] le cose man mano cambiarono e i teologi cominciarono a vedere nell'astrologia una minaccia al ferreo monoteismo islamico [...]"[1] soprattutto in occasione della sua teoria delle religioni e delle dinastie.

In altri termini l'oroscopo degli eventi mondiali che descrive la storia del mondo è riferito alle "congiunzioni" con le quali essi sono in corrispondenza e per tale motivo questa particolare dottrina astrologica è stata chiamata "congiunzionista".

Nel *Libro delle religioni e delle dinastie*, Albumasar espone diversi livelli di analisi attraverso tecniche ben definite che vanno dai temi d'ingressi, ossia l'ingresso del Sole in Ariete, delle eclissi e altre tecniche.

L'oroscopo delle religioni, dunque, rappresenta la parte più in-

---

[1] "La piccola introduzione alla scienza degli astri", Albumasar, curatore: F. Martorello, 2018

quietante e pericolosa delle teorie congiunzionistiche, fu oggetto di autorevoli indagini, che favorirono la sua diffusione in epoca medioevale e rinascimentale.

Gli ebrei, i cristiani, gli islamici temevano l'arrivo di una sesta religione che avrebbe sostituito le precedenti.

L'impatto della teoria delle congiunzioni Giove-Saturno fu forte e significativa in Europa avendo risvolti politici, religiosi e sociali. Fu studiata, elaborata, discussa dagli astrologi quanto temuta e bandita dalla Chiesa in quanto portatrice del messaggio inquietante che *"ad ogni religione se ne sostituisce un'altra, contraria a quella che l'ha preceduta".*

La teoria dell'influenza degli astri, per spiegare la storia degli eventi religiosi e la nascita delle religioni, era un argomento proibito, condannato, da non professarsi. L'impatto più significativo si ebbe tra la fine del trecento e gli inizi del Rinascimento con l'opera del cardinale Pietro d'Ailly (1350-1420) che sarà uno dei bersagli delle critiche più virulente di Giovanni Pico della Mirandola nel suo trattato contro l'astrologia divinatrice. Ricordiamo le condanne del 1270 e del 1277 del Vescovo di Parigi Etienne Tempier e da tutte le autorità dottrinali latine del XIII secolo.

Di contro, la teoria delle congiunzioni fu accettata fino alla fine del secolo XVII da parte del mondo astrologico. È evidente in tutte le discussioni che si ebbero tra quattrocento e cinquecento, che la teoria congiunzionista dell'oroscopo delle religioni aveva complicato molto la possibilità di una conciliazione tra la verità astronomica e quella rivelata nella Bibbia, nonostante l'ardito tentativo di Pietro d'Ailly di unire astrologia e religione.

Possiamo definire la teoria delle congiunzioni, ma anche la divulgazione dello studio della natività di Cristo, come uno degli elementi base che crearono l'opposizione della Chiesa nei confronti dell'astrologia, scontro che perdura ancora ai nostri giorni. Tale è stato il suo impatto da creare una frattura vedendo l'astrologia come una minaccia alla propria esistenza in virtù delle sue profezie con l'arrivo della sesta religione del mondo. Da qui, il timore dell'Anticristo per i cristiani, la caduta della religione di Maometto per i musulmani e la rinascita di Israele per gli Ebrei.

Tuttavia, per Bacone, l'astrologia era utile perché permetteva alla Cristianità di prepararsi e di premunirsi contro l'evento profetizzato. Occorreva affermare la superiorità della fede cristiana e progettarne la vittoria nel tempo contro il fatale avvicendarsi delle religioni.

L'oroscopo delle religioni, accolto come una sorta di involontario "cavallo di Troia" all'interno del mondo cristiano, non mancherà di esercitare, per lungo tempo, il suo inquietante fascino e di mietere i suoi successi.

La previsione degli eventi epocali basata sulla teoria delle congiunzioni, trovò terreno fertile nella cultura europea tra il 1400 e il 1600, coinvolgendo astronomi come Tycho Brahe e filosofi come Tommaso Campanella così come nelle sfere religiose.

La teoria aveva un forte impatto politico, religioso e sociale in quanto minacciava l'intero apparato di potere di quei tempi storici che andava combattuta e, con essa, l'astrologia stessa come le vicende storiche ci hanno tramandato nel corso dei secoli.

Albumasar è stato l'astrologo più famoso nel mondo arabo latino fino all'età moderna.

Il *De magnis coniunctionibus* è l'opera matura redatta tra l'861 e l'866. Riprende e rielabora le idee centrali del trattato maggiore l'*Introductorium maius in astronomiam* (o astrologiam).

Tradotto nella prima metà del secolo XII da Giovanni Ispano, costituì un testo di insegnamento e di base di astronomia nelle Facoltà di arti, filosofia e medicina delle Università europee del secolo XIV fino alla metà del XV. In quel periodo i fondamenti dell'astrologia tolemaica, passati attraverso i commenti degli astrologi arabi, erano i principi basilari dell'insegnamento della medicina e della filosofia naturale.

Albumasar sviluppa un'idea, che era stata elaborata prima di lui da Masallah, della storia del mondo nelle sue vicende annuali, ventennali, secolari e millenarie con il sorgere dei regni, degli imperi, degli spopolamenti delle terre per i diluvi e la nascita delle religioni.

Il comparire o anche lo scomparire di questi grandi eventi universali è ricondotto ai transiti dei pianeti maggiori, i più lenti quali Saturno e Giove quando si congiungono a quelli più veloci, Marte, Mercurio e Venere e così, approssimativamente, scandiscono il passare di un anno, di un ventennio, di un secolo e di un millennio.

La teoria è complessa perché unisce la successione delle triplicità con la successione delle congiunzioni. Questa è stata una delle principali innovazioni introdotte da Albumasar rispetto alla teoria più semplice di Masallah che non aveva fornito i calcoli complessi dovuti al passare delle triplicità da una all'altra, con quello più semplice delle rivoluzioni e congiunzioni planetarie. Pertanto, quando i transiti delle grandi congiunzioni di Saturno e Giove in tutte e quattro le triplicità si sono compiuti e i pianeti tornano al grado 0 dell'Ariete nella triplicità di fuoco abbiamo la congiunzione massima o fortis come l'ha chiamata il grande astrologo, matematico e filosofo Abramo

Savosarda nella sua opera di astrologia mondiale, il *Liber reve-latoris*, vissuto nella prima metà del sec. XII.

Esse iniziano dalla rivoluzione dell'anno in cui si ha la congiunzione dei tre pianeti superiori (Saturno, Giove e Marte) che avviene in 960 anni circa. Il computo inizia da questa congiunzione massima millenaria, poi si incomincia a calcolare il momento delle triplicità dei due soli pianeti superiori (Giove e Saturno, Giove e Marte) che avviene ogni 240 anni, ottenuti moltiplicando dodici congiunzioni per ciascuna triplicità che muta ogni 20 anni e quindi 240. Successivamente, il calcolo degli anni fu ritenuto errato.

Per Albumasar, come per Masallah, il cambio di triplicità implica il passaggio di potere da una dinastia all'altra. Egli struttura un'ampia serie di regole per permettere di prevedere vari aspetti del cambiamento e il modo in cui il passaggio avviene. Altri potenti strumenti astrologici, come le congiunzioni Saturno-Marte e le eclissi, vengono usati per la conoscenza degli eventi che interessano il sovrano, il governo oltre a fornire indicazioni sulla durata dei regni o delle religioni.

"[...] I collegamenti al Tetrabiblos non sono semplici citazioni ma sottolineano probabilmente il desiderio di Albumasar di concepire la propria opera come un testo di riferimento per l'astrologia storica come precedente-mente era stata l'opera di

Tolomeo [...]" riporta Stefano Buscherini in *"La teoria della congiunzione Giove-Saturno tra Tardo Antico e Alto Medioevo"*.

Si comprende, in questo modo, quanto abbia influito nel corso dei secoli successivi questa teoria nell'ambito politico, religioso o sociale e la minaccia che rappresentava per le diverse istituzioni dell'epoca oltre che a suscitare grande interesse nell'ambiente astrologico.

Si comprende anche come l'astrologia stessa venne bandita in virtù del suo potenziale pericolo all'ordine del tempo tra bolle papali e scomuniche di eresia senza dimenticare l'aspetto "divinatorio".

La teoria delle congiunzioni passò, come abbiamo visto, dagli Arabi all'occidente medievale e trovò i suoi sostenitori quanto i suoi critici. Va ricordato Pedro Ciruelo quale uno dei rappresentanti di quell'astrologia che reagisce all'influsso arabo assumendo entrambi i ruoli: critico e sostenitore. Lo fa nel suo trattato di *"Astrologia Cristiana"* che rappresenta uno degli ultimi testi in cui si parla in modo approfondito della teoria delle congiunzioni.

Egli rimprovera ad Albumasar di aver costruito una sequenza errata per due motivi: per l'inesattezza delle sue tavole astronomiche e per aver proposto un ciclo regolare fondato sui moti medi e non reali.

Pur accettando la teoria nei suoi tratti fondamentali non lesinò critiche. Le stesse osservazion e altre vengono riportate anche dall'astrologo dei nostri giorni che ha tradotto i testi antichi, Benjamin N. Dykes in *"Astrology of the World vol.II: Revolutions & History"*.

Ma ritorniamo alle argomentazioni di Ciruelo.

Albumasar tiene in conto, infatti, solo delle congiunzioni medie e pertanto il prolungarsi delle congiunzioni nella medesima triplicità non è di 240 anni, come egli affermava, ma meno di 200.

Nel suo libro dell'astrologo arabo, secondo Ciruelo, c'erano molti altri errori e diverse affermazioni espresse senza una reale motivazione. In proposito, i teologi parigini, esaminato bene il libro di Albumasar, lo soprannominarono *archidivinator*, condannando non solo il libro ma anche l'autore stesso per le sue affermazioni.

Tuttavia, va ricordato anche che la teoria delle congiunzioni Giove-Saturno, presente nella concezione araba, si raffinò con una nuova nozione tecnica: la *"mammareth"* ossia la *sovreminenza* che consisteva nell'osservare chi, tra Giove e Saturno, era sovreminente, ossia dominate sulla congiunzione della triplicità. Concetto che era già stato espresso nei testi di Tolomeo quando descriveva tutte le congiunzioni in generale.

L'opera di Albumasar contaminò tutto il Rinascimento tramite le traduzioni latine di Giovanni di Siviglia e di Ermanno di Carinzia. Modificherà l'impianto dell'astronomia-astrologia di Tolomeo con problematiche religiose dell'Islam, con le dottrine aristoteliche, neoplatoniche e stoiche. Sul piano tecnico recupererà alcuni elementi riconducibili alla tradizione babilonese, egiziana e persiana.

Con l'arrivo dell'umanesimo ci fu il recupero dei testi antichi soprattutto quelli greci che erano poco conosciuti in Europa e l'astrologia entrò nella fase riflessiva grazie a Marsilio Ficino. Eglì condannerà il determinismo di un certo tipo di astrologia e promuoverà l'idea di un uomo libero dagli eventi annunciati dal cielo. Fu una fase storica quella del 500 in cui si cercò di ritornare alle origini con i testi di Tolomeo depurati dagli influssi arabi e medievali che ne avevano modificato profondamente il contenuto originario. L'interesse verso la teoria delle congiunzioni, via via, si affievolì a favore delle nuove posizioni non deterministiche della disciplina anche per replicare alle accuse, diffuse e insidiose, che l'astrologia tendeva a negare il libero arbitrio oltre a predire l'arrivo della sesta religione a danno delle altre.

Sisto V, anche per le questioni politiche e religiose viste in precedenza, emanò la bolla *"Coeli et terae"* contro le arti divinatorie nel 1586, seguito dal papa Urbano VIII con *"Inscrutabilis"*.

La rivoluzione astronomica e l'affermarsi della meccanica newtoniana decretò la decadenza dell'astrologia portandola al suo lungo silenzio dopo il fervore del Rinascimento e, con essa, anche la teoria delle congiunzione Giove-Saturno si persero le tracce nel tempo.

Non si hanno notizie da secoli, da quando emerse durante il periodo del Ciclo d'Aria iniziato nel 1226.

Oggi ricompare attraverso alcune recenti pubblicazioni che ne ripercorrono la storia e il pensiero direttamente dalle fonti originali.

Osservo solo che, tutto questo, accade a ridosso del nuovo inizio del Ciclo d'Aria del 2020 che, come vedremo, è in relazione con il precedente avvenuto 800 anni prima. Chissà se un giorno parleremo di un Rinascimento 2.0 dei tempi moderni con i nuovi fermenti intellettuali tipici dell'elemento aria. Niente è certo ma tutto è possibile.

Saggio.

Problem-space: analisi epistemologica, cognitiva e sociologica.

Variabili di natura economica e politica sono presenti nell'attività del *'problem-space'*, variabili tenute insieme dal collante sociale dell'attività di ricerca espresse sia dai ricercatori che dalla comunità scientifica. La metafora dell'elefante ci guiderà all'analisi, alla comprensione e alla natura del *'problem-space'* nell'ambito della ricerca scientifica che influenza l'intero processo del problem-solving. Con i filosofi della scienza K. Popper, Lakatos e Feyerabend affronteremo l'epistemologia da tre prospettive diverse. Con la scienza cognitiva, esploreremo le capacità creative e i processi mentali del ricercatore in bilico tra la tradizione e l'innovazione, tra 'scienza normale' e 'scienza rivoluzionaria' nella concezione di T. Kuhn. Verrà esaminata la comunità scientifica come sistema sociale e come sistema politico con cui esercita potere e controllo non solo sulle aree di ricerca ma anche sullo stesso ricercatore. L'area problematica, *il problem-space*, infatti, è associata anche a variabili di natura professionale: più un soggetto ha credibilità meno tende a rischiare. Viceversa, meno ha credibilità, potere, riconoscimento, più tende a spingersi verso nuove interpretazioni, verso nuove aree di ricerca, perché il rischio delle interpretazioni sbagliate, per lui non solo sono "sentieri personali" ma qualcosa di più.